働くお母さんの子どもを伸ばす育て方

花まる学習会代表
高濱正伸

実務教育出版

はじめに

２０１５年現在、「家族」という存在そのものを疑う本が、ベストセラーになっています。

賛否両論ありますが、「家族」という存在は共同幻想で、これまで人々が信じてやってきたものが壊れはじめているのではないか、という時代的な問題提起だと私はとらえています。

正解がない時代。

羅針盤が失われている時代。

めまぐるしい情報革命の波に翻弄《ほんろう》されているわれわれ。

そんななかで、多くの働くお母さんたちは、昔ながらの「3歳児神話」や「良妻賢母幻想」にどこかで心を痛め、子どもと一緒にいてあげたい気持ちと葛藤しながら、日々、仕事と育児を両立させるために時間と戦っています。

最近の花まる学習会代表としての私の仕事のひとつは、人事採用の最終面接をすることです。

そのなかでひとり、印象に残る笑顔の学生がいました。

人一倍、目の輝きと柔和な笑顔がすばらしく、発散する前向きなエネルギーからは、生命力豊かに育っていることを感じられる学生です。

なんでも両親共働きで、「朝６時から夜６時まで保育園に預けられていた」そうです。古い幻想にとらわれていると、「かわいそうな子」ですが、本人に聞くと、「寂しい思いもあったけれど、いつも汗だくで迎えに来る母の姿を見て、がんばっているなと思った。いまはただ感謝の気持ちしか起きない。仕事は大変なんだろうけれど、仕事のことを語る母は輝いていた。私も母のように仕事をしながら生きたいと思いました」とのこと。

みなさんに伝えたいことはひとつです。

大丈夫、みなさんのお子さんもきっと、たくましく育ちます。

この本は、花まる学習会が実施した働くお母さん１０５０人へのアンケートをもとに、現段階でのリアルな声を集めて作られた本です。
日々の子育て・仕事に奔走する「働くお母さん」に、少しでも安心してもらえるものになれば幸いです。

CONTENTS

働くお母さんの子どもを伸ばす育て方

第1章

働くママって、こんなに大変だ！

第2章 働くお母さんが勉強を見てあげるポイント

第3章

働くお母さんの生活習慣・子どものしつけ

第4章

仕事と子育ての両立に頭を悩ます

第5章

働くお母さんの夫・親との付き合い方あれこれ

装丁／坂川栄治＋坂川朱音（坂川事務所）
カバーイラスト／スズキトモコ
本文デザイン・ＤＴＰ／新田由起子、徳永裕美（ムーブ）
本文イラスト／高田真弓

第1章

働くママって、
こんなに大変だ！

働くママの特徴①

時間感覚〇《マル》　要約力〇《マル》　同じスピードを要求×《バツ》

この章では、まず、働くお母さんの「特徴」を紹介しましょう。また、よく起こりがちな子育ての落とし穴とそれを回避するための処方箋《しょほうせん》もお伝えします。

まず、働くお母さんには、テキパキ感があります。

常日ごろ、学習塾で子どもとお母さん相手の仕事をしている私たちから見ると、働くお母さんには相手の時間への配慮もありますし、言いたいことを簡潔にまとめて伝えてくれる要約力もあります。

ただ、「とにかく時間がない！」が、共通かつ最大の悩みです。

常に仕事や子どもや家事にせきたてられる毎日なのはそのとおりでしょう。

ここで、ある女性社員の友人のFacebook（以下ＦＢ）への投稿を紹介します。

いいね！


さて何から書こうか。まずN。本当に難しい娘。年頃もあるだろうけど、彼女の性格、気質に毎日毎日イライラしてしまい、可愛いと思えない。むしろ、近ごろうざったい。それもすべてはきっと私にゆとりがないから、彼女の気持ちを受け止めてあげられないのだろう。わかっちゃいる。仕事復帰したあたりから、変わってきたもんね。

家事に育児に仕事に、本当に毎日いっぱいいっぱい。

朝も夜も、食事は立ち食いだし、寝るまで動きっぱなしで座れない。

みんな、こんなもの？と、思いながらやってるけど、たまにはゆっくりご飯食べたいなぁ。

トイレの介助や身支度、食事の世話にお風呂……。

毎日１人で二人の世話をやっているけど、さすがに限界だ。育児するのは親の役目なのも、当たり前なのもわかっております……頭ではね。

朝なんて特にイヤ。今日は早く起きたから余裕あるな！と思っても、そういう時に何かやらかす。今朝も昨日もそう。そしてそれを引きずったまま保育園へ行く。

時間なくてイライラ。泣いてバイバイ出来ないNにますますイライラ。

きっと私、毎朝すごい形相だろう。先生にも申し訳ない。

ごめんね、ダメな母さんで……。

さらに旦那は朝早く夜遅い。休みは月に三回あればまし！私と旦那は休みがまったく合わないから、家族で過ごす時間がない。

公園にすらいけない。仕方ないけど、きっとNも外で発散できないから、ますます不安定になるんだろうなぁ。保育園帰りに自転車で通る公園、そこを通り過ぎるとNがいつも言う。「今度、パパとママがお休みの時に一緒にみんなでこようね」。こんな約束もできないんだもんなぁ。

やっぱり私が頑張らなければいけない。分かっちゃいるけど、毎日の生活で今はいっぱいなんだよね。

……と、キッチンに座り込み、長々つぶやいてみました（笑）。

はぁーまた泣いてる。つかれたよう。

チビたちお風呂いれなきゃ……。

働くお母さんが、一度は直面する場面でしょう。

ただただ、身体も心も余裕がない。自己嫌悪のループ。

ただし、いまの時代の利点は言葉にして発散して、人と繋《つな》がれるツールがあるということです。

実際、この投稿にはママ友たちが長々返信してくれたそうです。

人からのリアクションがあることで、「またがんばろう！」と思えるのが女性の特長ですから、こういうツールはどんどん活用すべきです。

「とにかく時間がない！」という話に戻ると、働くお母さんは、時間感覚に優れているのはいいところなのですが、つい子ども相手にも「短い時間で最大限の効果を」と考えがちです。

お母さんが、ついつい家でも仕事モードでいると、子どもは委縮《いしゅく》してしまいます。

よくあるのが、子どもが拙《つたな》いおしゃべりでもすべて自分で言い尽くすべきところを、「それは、こういうことでしょ」と話半ばでわかってあげてしまったり、「つまり、こういうことよね」と要約してしまったり……。

または、先回りして全部準備してしまって、子どもが自分で失敗する機会を奪ってしまったりします。

大人かつ女性かつ働くママの段取りのよさは驚異的です。

だからこそ、それに子どもが追いつくはずもなく、お母さんを満足させる速さで物事を処理できるはずもありません。

つまり、「これやってあれやって、子どもを寝かせてお皿洗って、そうしたらあれやって」と段取りと時間経営の得意な脳みそを家庭で発揮しすぎると、子どもは分刻みの行動スケジュールにげんなりしてしまうのです。

特に、男の子が遊びに集中しているときには、オスのツノを折らないでほしいなと思います。

「はい、いまから10分集中して！」と言われても、基本的に無理なのです。お母さんが猛烈スピードで家の仕事を片づけているときに、横で勉強をやらされるときのげんなりっぷりったら……。

子どもたちは「もう少しだらしなくても生きていけるのに……」と思っているに違いありません。

お母さんには悪気《わるぎ》はないし、子どもも何とか一生懸命対応しているけれど、結果的には上の子（特に長男）をつぶしがちになります。

３人目くらいになると、「もう、元気ならいいんです」と、お母さんもだいぶ楽になれるんですけどね。

できることであれば、家が散らかっていようが、忘れ物が多かろうが、「生きていれば、それだけでＯＫ！」と笑いとばすくらいのおおらかさでいたいものです。

社会で活躍している多くの人たちの母親像は、「いつもニコニコしていた」なのですから。

今日もまた
さっさとせんかい
ぶち切れる

働くママの特徴②

「1日が48時間あったらなぁ」と思う

「早くして！」が口グセ

おおらかさが大事とわかってはいても、実際はいつもイライラしてしまう、というのも現実でしょう。

働くお母さんには、やらねばならぬことが山ほどあるからです。

ときには、子どもをせきたてることも避けられません。

そして、時間に追われるあまり、「早くして！」という言葉を言いすぎることを気に病むお母さんも数多くいます。

確かに母のイライラとともに言われる「早くして！」に子どもはげんなりしますが、

しかし一方で、私に言わせると、「遅いのも個性」として済ませ、放任するのも罪深いのです。

テキパキ感は大人になっても大切です。

すべてにぐずぐずしていたら、「とろい」と烙印を押されて、現実の日本社会では通用しない人になってしまいます。

小さいころから、必要なときに行動のスピードを早くしてあげることはとても重要です。

つまり、子どもが将来、かわいそうな大人にならないように、「スピードアップ」と場面場面で言い続けることは、子どもにとって「善」なのです。

ただし、イライラした気持ちとともに「早くして！」と言うと、段々ヒートアップして「大体あなたはいつもね……」と続けたくなるのが人の心理ですから、子ども相手には、いま必要な、目の前のことだけに限って「早く！」と冷静に何度でも言うことをオススメします。

一足飛びには、働くお母さんの望むスピードにならないことだけは知っておいてください。

子どもと向き合う時間が足りない

「時間がない」悩みの中には、「子どもと向き合う時間を取れなくて……」という悩みも含まれます。

ひと昔前、「鍵っ子は危ない」とテレビ・コメンテーターが言う時代がありました。

「3歳児神話」もいまだ根強く、多くのお母さんが気にするようです。

しかし、引きこもりの子の研究をしていると、鍵っ子は、「むしろ健全に育っている」というのが結論です。

子どもは、意外と時間泥棒です。

子どもの「もう1回やって、やって、やって……」に丁寧に応えていると、無限ループにはまりこみます。

働くお母さんは、付き合ってあげられないことを気に病むところでしょうが、共に過ごす時間の長さが愛情の深さではありません。**私は、実は「愛情は頻度」だと思っています**。

1日5分、もしくは3分でもいいので、ぎゅっと抱きしめる（できればベロベロ舐めるくらいの勢いで）。

身体がくっつくと安心だし、愛情が伝わるのが動物なのです。

人間はスキンシップがないと、生きてはいけない生き物ですから。

自分としっかり向き合ってくれるその1日5分があれば、残りの23時間55分は自分でがんばれるのが子どもです。

一方で、「忘れられる」のは、子どもにとって一番きついことです。

10代で心を病み、とうとう社会に出ていけなかった子たちは、こんな言葉を残しています。

「お母さんは、妹の名前は呼ぶのに、私の名前を呼ばない日があった」

「『ケーキを買ってきたよ』と言うときに母が向ける視線の先には、いつも弟がいた」

……怖いですよね、無意識に視線が行く方向で拗《す》ねられて、自信のなさに繋がっていくのですから。

子どもは、愛情に敏感です。

お母さんの「こっちがかわいい」の気持ちがにじみ出る目線や行動は見逃しません。

「**短くてよい、濃く、毎日、まんべんなくひとりずつに**」が、鉄則なのです。

たとえば、毎朝5分、膝にのせながら昨日あったことを報告させるのもいいですね。

「はい、今日はここまで～」と、途中で打ち切ってもＯＫなのです。ずっと付き合う必要はありません。子どもも時間の感覚を身につけるでしょう。

兄弟がいる場合は、母とその子が一対一で過ごす時間を最初から予定に入れておくのもオススメです。

土曜日のスーパーへの買い物はお姉ちゃんと一緒に。図書館へは弟と一緒に、といったようにです。

私は、これを「ひとりっ子作戦」と呼んでいますが、**お母さんの独り占めはいくつになっても嬉しいものなのです**。

時間の悩みについてまとめとして言うと、一見、時間があるように見える専業主婦のみなさんも（実際は子どもと家のことで精いっぱいで、自分にかける時間はほとんどないのですが）、子育てでは大いに悩むものです。

自分は、子どもとちゃんと向き合えているのだろうか……と。

「専業主婦母親業には向き不向きがあって、それをハッピーにこなせる人は（少なくともいまの日本の社会の状況では）実はとても少ない、選ばれた人たちなのではないでしょうか」

これは、ある働くお母さんからの言葉です。

子育てが孤立しがちな現代では、リーダーシップがあって学校や地域の役員なども積極的に引き受け、自ら人とどんどん繋がっていく人間力があって、経済的にも恵まれていて、子どもと24時間一緒の生活をおおらかに楽しめる人＝選ばれた人が、専業主婦に向いていると言えるのかもしれません。

保育所に入れない状況があって専業主婦という方や、出産前の仕事場の環境を考えて、いまは専業主婦という方も、もちろんいらっしゃるでしょうが、子育てが一番大変な時期は乳幼児期です。

「孤立した子育て」で自分を追いこむことがないよう、近くのコミュニティや繋がりを上手に利用して、大変な時期をひとまずは乗り切ってほしいと切に願います。

1日に
5分でいいよ
ママ話そう！

働くママの特徴③

「一緒にいてあげたい気持ち」と戦っている

「母」という生き物は、働いていたばっかりに子どもに寂しい思いをさせたことを、いつまでも罪深く忘れない生き物なんだなぁとつくづく思います。

これは、どのお母さんに聞いても同じです。

たとえば、「お迎えが遅くなってしまって……。かわいそうにポツンとひとりで待っていたんですよ」というような言葉を、みんなが言うのです。

あるソバ屋のおかみさんの話をします。

そのお店は土曜日・日曜日がかきいれどきなので、子どもに構っていられなかったりするわけです。

夫婦で一生懸命働いているから、そういう日は子どもはひとりで過ごすことが多いのです。

ある日曜日に、お昼ご飯を作ったものの、あまりに忙しくて一緒に食べられず、つい「ちょっと待っていて」と声をかけました。

すると、仕事の手を止めて戻るまでの1時間、冷めたご飯の前でずっと食べずに待っていたそうです。

「その姿が本当に不憫《ふびん》だった……」と、思い出話をしてくれました。

こんなこともあったそうです。

「夕方やっと一息ついて公園で遊んでいるのを迎えに行ったときに、誰もいなくてポツンとひとり遊びをしていて、胸がしめつけられそうだった」

もう10年以上前の事柄を、臨場感たっぷりに幾通りものパターンで話してくれるのです。

それだけ母親というのは、子どもに寂しい思いをさせてしまったことを悔いる生き物なのだということでしょう。

では、その子がいま、どうなっているか。

一時、中学や高校で地元のワルになったけれど、社会に出てからはメシが食えています。**自営業の両親が一生懸命働いている姿を見ているから、家に引きこもるという選択肢すらないのです。**

前述のように、働くお母さんによく起こりがちなこととして、「やっぱり一緒にいてあげたいな」という気持ちが透けて見えることがあります。

その裏返しで、他人からのひと言で落ち込むこともあるでしょう。アンケートに寄せられた言葉をご紹介すると……。

▼小学校に入って、「○○くんのママはいつも家にいるんだって」と子どもに言われてズキン。

▼「お母さんが働いていて、さみしいわね」と近所の人から言われた。

▼「働いているから、子どもがしつけられていなくて、学校で○○しちゃうんじゃないの」と友だち（専業主婦）に言われた。

最後の例は、明らかに底意地が悪いですよね。

子どもの問題行動とお母さんが外で働くこととはイコールではありません。

きっと専業主婦のその方は、たまたまクサクサしていたのかもしれませんし、「本当は私も働きたいのに……」と、働いているお母さんを嫉《ねた》んでいたのかもしれません。

そして、働くお母さんに特徴的なのは、子どもが問題行動を起こしたときに「私が働いているからかしら……」と、思いこんでしまうことです。

しつけがなっていない↓「私が働いているからかしら……」
子どもに忘れ物が多い↓「私が働いているからかしら……」
受験に失敗↓「私が働いているからかしら……」

以前私が預かった不登校&リストカットをくり返す子どものお母さんも、
「やっぱり自分が働いていたからでしょうか」

と泣いていましたが、私から言わせると、まったくもって論理的ではない結論です。日本ならではの「心的風景」や「良妻賢母幻想」「待つ＆耐える母幻想」にとらわれすぎでしょう。

働くお母さんたちには「一緒にいられないこと」によって無駄に自分を責めないでほしいと強く思います。

お母さんのその気持ちはわが子を思う気持ちとして尊いものですが、**実は子どもというのは、「放っておかれる時間で育っている」生き物なのです。**

愛情を毎日短く濃く伝えていれば、子どもは放っておかれた時間で将来の自立に必要な芽を自分で育てることができるのです。

ある大家族のＩさんは、こんなことを教えてくれました。

「子どもが１人だと、親の目に入りすぎ。子どもが２人だと、両手でひとりずつぎゅっと握る。３人だと両手に余ってしまうから、３人目の子どもはエプロンの後ろを握っている。

実はそれくらいがちょうどよいバランスで、子どもは見えないところで育つものだ」

また、「**子育ては、自分を見失うほど一生懸命やる必要はない**」とも言っていました。

確かに、自分を見失うほどわが身を責めても、いいことはひとつもありません。

働いて
いるからかなと
気になるの

働くママの特徴④

夫にイライラしてしまう

夫に対する不平・不満も深刻です。アンケートでも、さまざまな声が寄せられました。

▼帰ってきて、「疲れた」を連発される。ワタシだって、疲れているわよ！
▼ワタシのほうが帰りが遅くても、何もせずに待っている。
▼子どもを早く寝かせようとお風呂の準備を急いでやっているのに、夫は自分だけさっさと入る。
▼料理・家事を自分の分だけしかやらない。
▼存在自体にイラッと来ることがある。

最後の回答はかなり深刻ですが（笑）、人間社会の悩みは究極のところ、ひとつしかありません。

ズバリ、人間関係です。

特に夫婦になってからの関係がうまくいかなくて、みんな困っているようです。話を聞かない、覚えていない、聞いてほしいだけなのに解決策ばかり言う……。気持ちはわかりますが、大切なのは意識改革、「夫は犬（異性は世界の見え方も感性も違う生き物）」だと思えば腹も立たないでしょう。要は、相手の性質を知ってうまく動かそう、ということです。

そして、オススメのひとつは、**いかに自分が大変か事細かに心情とともに、「書いて渡す」ことです**。

書いているうちに、メタ認知が働いて、何に自分が傷ついているのか整理することができますし、自分自身の気持ちの発散にもなります。

そして、文字にされると、男性は理解しやすいのです。

花まる学習会のある女性社員の「言語化＝書いて発散した例」を紹介しましょう。

魔の2歳児：terrible two

午前3時50分。

ギャーと子どもが泣き、飛び起きる。

子どもを抱き寄せ寝かしつけようとトントンする。寝ぼけているだけのときは、しばらく添い寝すると寝つくときもある。

が、2日に一度は、泣き声はひどくなるばかり。

一昨日などは寝ぼけて「ピピピして」「ピピピして」と言う。

よくわからないが、おそらく「体温を計って」ということかと、体温計の代わりに指をわきにはさみ、寝かそうとするが、だまされない。

激しく泣きながら、さらに「ピピピー」と叫ぶため、仕方なく起き上がって居間へ体温計を取りに行き、寝室に戻って子どものわきにはさみ、検温。念願かなって「ピピピ」と鳴り、これで一段落と思い横になるが本人の目が覚めてしまう。

今度は「あっちいきたい」「じごじご～」と泣きじゃくる。

「行かない、まだねんね」と寝かしつけようとするもののひとり立ち上がって、寝室のドアを開けて手を引っ張る。

眠すぎて、寝たふりをするが、ずっと泣いていて収まらないので、仕方なしに起きてついていく。

ダンナはわれ関せずで、寝ている。


台所に連れて行かれ、「じこじご～」と泣きじゃくる子ども。

やっと、「いちごいちご」と泣きながら言っていることを理解。

「ええ～?」と思いながら、もう収まらないので、「いちごね」と冷蔵庫からいちごパックを出して手渡す（たまたまあってよかった）。

すると、「あけて～」とぐずぐず。

パックのセロハンをあけてわたすと、とたんに「ギャー」と泣く。

脳髄を直撃するような泣き声に「なにっ」と怒気を含んだ声で言うと、「しんちゃんがやりたい～」とぐずぐず泣く。

こちらもまだ眠いし、もう勝手にしてくれと居間のソファに座りに行くと、怒りが収まらないらしく、ギャーギャー泣きながら何度もたたいてくる。

かんべんしてほしいと思いながら、目を閉じてしばらくほっておくが、放置していてもずっと泣いているので、仕方なしに台所に戻り、一度開いたいちごパックのセロハンをわざわざ戻し、一緒に手を添えて開く作業をやり直す。

やっと泣き声が少し収まる。

でも今度は、「ジャージャーしたい」とぐすぐず言い出す。

ここまで来ると私も諦めて、「はいはい」と、子ども用の踏み台を持ってきて、蛇口を開けて水を出し、いちごを洗えるようにセッティングしてあげる。

えぐえぐとまだぐずっているので、目線の先の水切りカゴが使いたいのだとわかり、それも添えて、やらせてあげる。袖が濡れるのにも、口を出さず、しばらく気が済むまで洗う作業に付き合い、お皿に載せるまでを介助。

しかし、まだ不器用なので、お皿に載せる際にイチゴがこぼれ落ちる。

途端にまたギャーギャーと泣く。

イライラする気持ちを抑えながら、「ここにあるでしょ」と拾うのに付き合う。

皿に盛って、食卓へ一緒に持っていく。イチゴを食べて一段落かと思いきや、「パン！　パン！」とさらに泣く。ため息をつきつつ、パンを冷蔵庫に取りに行き、トースターで焼く。焼きあがるまでの3分、ずっと「パン！　パン！」と泣き喚くのを「うん、パン食べたいね。いま焼いているよ」「いちごから食べていて」と、10回以上やりとりする。焼きあがったパンを食卓に持っていき、食べはじめ、やっと泣き止む。食べ終わるのを横で待つこと10分。

やっと気がすんで「こっこ」と抱っこを要求。「はいはい」と抱き上げ、そのままイスで寝かしつけ。10分ほどで寝入ったのをそっと寝室に連れて行き、起こさないように少しずつ布団へ移行。

計1時間コース。

この日は、あと30分だけ寝てくれた。

＊　＊　＊

ここ2か月、2歳児の自我の芽生えに振りまわされっぱなし。

すべてにおいて、右記のようなことがくり返される。

毎日の着替え、お風呂、歯磨き、食事、日常のすべてのことを「自分でやりたい」、でも、まだ不器用ゆえできない。

「やって」と言うものの、こちらがやると「やっぱり、自分でやりたかった」と泣いたり喚いたり。うまくいかないと、人にあたる。言葉もまだまだ拙くて、こちらも理解に時間がかかるのだが自分の要求を理解して大人がすぐ動いてくれないと、火がついたように癇癪をおこす。

本人ももどかしいのだろうが、こちらももどかしい。選択肢を与えたり、類推した気持ちを言葉で言い換えたり、自分でできるような洋服や環境をそろえたりしているがそうそうすべてを先回りして準備できない。

また、親も人間なので、体調や状況に左右され、イライラするときはイライラする。

そして、通常の時間に振りまわされるだけならまだよい。何よりも、やっと手に入れた自分の時間＝朝の時間がなくなってしまったことに心から落胆している自分がいる。

２歳になって、ようやく子どもの睡眠のサイクルが少し長くなり、２〜３時間おきの水を要求されなくなった。

夜中の体の負担が減ったため、朝の時間が使えるようになり、４時〜５時起きすれば、家事も済ませられるし、本も読めるし、日報も書けるようになった。お正月を越えて、束の間（1か月ほど）「朝活、朝活」と気分は上々だったのだが、2月くらいから、寝ぼけて癇癪を起こす子どもに朝も振りまわされるようになってしまった。

そっと起きて、寝室をあとにするも、眠りが浅くなったときにそばにいないとわかると（いるかどうかを足で蹴ったり、手でバンバン布団を叩いて確認）、ギャーと泣いて起きて、居間まで追いかけてくる。

寝かしつけるために、また寝室に一緒に戻って……、もしくは、泣いてすっかり目が覚めてしまった子どもに絵本を読んだり、あやしたり、一緒に遊んだり。またトンネルの中に引き戻されたな～という感覚。

頭では成長における必要過程なのだと理解しているし、子どもに「ママ、ママ」と求められているうちは応えてあげたい気持ちはある。

しかしながら、自分の落胆ぶりに、自分でもびっくりするくらいである。

子育てって、いつまでも24時間 on time で、馬車馬のように走り続けるのではなくて少しずつ楽になっていくんだ～と希望を持った矢先だったゆえに、本を読む時間、考えをまとめる時間、業務を整理する時間が再びなくなってしまったこと、この先も結局ずっとそうなのかもしれない、ということに打ちのめされてしまったのだ。

＊　＊　＊

いやいや、だが、明けない夜はないのだ。

子どもに蹴られて目覚めてしまい、午前2時。

突然書きたい衝動に駆られて、パソコンに向かう自分。

そんなのもすべて「あんな日々もあったな」と笑える日がいつか来る。

まだまだ甘えてくるかわいいかわいい時期ではあるのでこの時期も振り返ってみれば思い出深いものになるはず。

思春期の自我の芽生えは、もっと強烈なのだろうと、さらに大変な山を想像して自分を慰めつつ、明日への活力にする。

どんな人も、それぞれの立ち位置でいろいろと抱え、精いっぱいがんばっている。

たまったイライラは、自分なりの方法で上手に発散しつつ（書く・仲間としゃべる・運動する・泣く・離れる時間を無理やり持つ）、「子育ても仕事も１００％」を貫けるよう、日々工夫し、努力するのみ。

実はこれは、その女性社員のある日の日報です。

花まる学習会には、日々の業務報告だけでなく問題意識を書きためる独特の日報システムがあり、よい日報は全社員で共有します。

これを読んだ男性社員たちの間では、

「こんなに母親業は大変なのか！」

と、しばらく話題もちきりでした。

なんとなく「お母さんって大変なんだろうな」と想像はしていても、文字にされると、インパクトがまるで違います。

文字で伝えられると、それは本当に大変だから、「オレも何かしよう」と、ようやくなるのです。


イライラした態度とともに、「少しは家事をやって！」と言われても、なかなか取りかかれない男という生き物。

一方で、納得できれば、とことんやるのも男性の特徴です。

夫と話し合う時間を習慣化する

そして、夫婦がうまくいっている家庭は、なんだかんだいいながらコミュニケーションの時間を意識的に取っています。

しかし、「すれ違いばかりで、夫と話し合う時間なんてないわよ」と、おっしゃる人もいるかもしれません。

オススメは、予定を組むことです。

男性は、予定に入れたことは忠実に実行しようとする生き物です。

家族のスケジュールカレンダーに、重大なことであれば話し合う日まで予定として、書きこんでしまうのです。

女性としては、「話したいときに聞いてほしい」と、臨機応変さを求めてしまいがちですが、コミュニケーションの作法が違う夫にそれを求めるのは酷というものでしょう。

男性は、一度決めたことや手順は最後まで貫きたい生き物ですし、忠誠を尽くす生き物ですので、その部分をうまく生かしてほしいと思います。

また、さらに工夫している家庭では、「朝ごはんだけは一緒」や「週末の土曜日は、テレビは消して家族の会話を」など習慣として夫婦で話す時間を確保しています。家族として同じ空間に暮らしていますので、どこかで子どもの日々の様子を夫と共有する時間は必要でしょう。

そうでないと、夫も妻も共同戦線で子育てをしているという意識がうすれてしまいます。

ホワイトボードの伝言板、交換日記など、いろいろな家庭があります。

できるところから、わが家流を追求するのもいいですね。

「夫とは話し合えません！」となったら最後、夫婦関係はこじれていく一方です。離婚した夫婦のほぼすべてが、そう言います。

ワンちゃんは
手紙を書いて
わからせる

ちなみに、ご存じでしょうか。

現代では、バツイチ同士の夫婦がうまくいく時代だそうです。

夫と妻のコミュニケーション作法はすれ違いがち、という部分を肌でわかっているから、次の相手には求めすぎずに済むということでしょう。

コミュニケーション作法の違いを認めあったうえで、お互いが歩みよればすてきですね。

対夫に関して詳しくは、拙著『「夫は犬だ」と思えばいい』（集英社）をご覧ください。

働くママの特徴⑤

思いっきり仕事ができず、ストレスを感じる

　なかなか思うように仕事に没頭できないという、仕事の制約についての悩みもありますね。

　あるお母さんが、言っていました。

　子どもが生まれてから時短勤務を続けていて、自分で選んでいることだけれど、あとちょっとで成果が出るのに時間に追われて帰らなければならず、能率が上がりきらない。仕事の精度が落ちている、と。

　そして、残業ができない、子どもが病気になったために急に休まなくてはならない……。

　でも、会社勤めか自営業かに関わらず、特に、子どものケガ・病気のときや時短勤務を選択している場合は、「申し訳ない」と恐縮せずに、堂々と子どもの元へ帰って

ほしいと思います。

それが当たり前にならないと、今後の日本社会は世界で生き残れないですから。

子どものいる人が全員働いている時代は、もうすぐそこまで来ています。

生きとし生けるものは、次世代を育てるために働いています。

子どもがいて働いているお母さんを大事にしなかったら、誰を大事にするのだ、ということです。

さらに、仕事上の制約はもちろんあるのですが、それをプラスにとらえているママもいました。

▼不謹慎かもしれないけど……。仕事のストレスは、子どもといることで解消。子どものストレスは、仕事をすることで解消。

「なるほど！」と感じました。

働くお母さんは、いわば２つの世界を楽しめるのです。

両方をこなすあなたは開拓者

「〇〇ちゃんのママ」だけでなく、一個人として評価してもらえる場があるのは強みでしょう。

フロンティアとしての誇りを持って、みなさんには目の前の道を進んでほしいと思います。

働くママの特徴⑥

私生活でも死に物狂い

花まる学習会の教室長から寄せられた、ある働くお母さんについての報告を紹介しましょう。

都内某教室　小学１年生・女子会員Ｍさんのお母さん

この方は日本でも最大手の人材会社にご夫婦で勤めており、平日に電話をしてもほとんどいらっしゃらない。

花まるの教室への送迎は、時々祖母やファミリーサポートセンターの方に頼むものの、基本的にはお母さんが行きも帰りもつきそっている（恐らく会社をぬけてきているのではないかと思う）。

教育熱は高く、高濱さんの講演会にも参加してくださった。連絡帳にお手紙もあり、気になることがあるとメールをしてくださる。文面は、簡潔でユーモアセンスもあり、第一線で活躍しているのであろうことがうかがえる。

そんなお母さんのこの前の連絡帳コメントに、次のようなことが書かれていた。

「娘が○○の英語を始めました。教育的には何の意味もない（笑）とは思っていたのですが、小学校の後に預かってくれる場がほしかったこと、また娘が英語の歌を気に入ったようなので始めました。

それにしても、小学校の後に子どもひとりで行ける場所が本当に少ない。

働いている私にとって、仕事の合間をぬっての花まるの送迎は、時に何が起こるかわからないので〝死に物狂い〟です。家の近くにぜひ花まるを……！」

非常に共感しましたし、また心を打たれました。ただでさえ働くということは、イレギュラーの連続で、思ったようにはいかないことも多いはず。

そんななかで自分の時間の組み立てだけではなく、家族の時間も組み立てて、同時進行でいろいろなことを進めていくお母さん。〝死に物狂い〟という言葉は、本気でないと絶対に使えない言葉です。

それだけ、花まるに思いを寄せてくださっているということ。

自分の時間をやりくりして、娘を花まるに通わせてくださっているということ。

子どもたちのうしろには、常に支える家族がある。そこへの敬意は常に持ち続けなくてはならない、と非常に身が引き締まる思いです。

応えるためには、１回１回の授業を大切に。初心にかえって。


教室長たちの日報には、このように心揺さぶられる話が尽きません。

この「死に物狂い」という言葉。

笑いを交えて言ってくれていますが、働くお母さんの本音でしょう。


働いていることで、私生活にも制約が出てくることは、ままあります。

たとえば、学校行事に行きにくい、習い事の送り迎えが難しい場合がある、放課後に子どもの友だちを自宅に呼べない、学校の提出物を把握しきれていない、ＰＴＡの役員を避けがち……。

「お母さんが働いている学童組の子は、目が行き届いていない……といったことを先生から言われた」という話も聞きます。まだまだ偏見もあるのでしょう。

1日は24時間なのですから、仕事と私生活の両方に百点満点がつけられないのは、ある意味自明のことです。

自明のことを嘆くのではなく、働くお母さんには、ぜひ働いているメリットにも目を向けてほしいと思います。

花まる学習会に通っている、ある小学6年生の男の子の例を紹介しましょう。

その子は優しいところは美点だけれども、なかなか自分の意見を言えない子でした。また、勉強に対しても、言われればやるけれど、なかなか主体的に取り組めず、ときに「宿題を忘れました」とふざけたり、逃げるような態度も目立つ子でした。学校では、軽いいじめもあったようです。

お母さんも散々心配していましたが、あるときからそのお母さんは外で働くようになりました。

しばらくすると、その男の子は主体的に勉強をするようになったのです。母不在の時間が、子どもの自立心を強めたのでしょう。

高学年は特に親の目や手が入ることを嫌がります。そういう時期にちょうど合致したのかもしれません。

お母さんが仕事に邁進《まいしん》することで、その子も自分の時間を確保して、自分に向き合えるようになったのです。

花まるの宿題もきちんと毎週やってくるようになりました。

こういう例は、枚挙にいとまがありません。

中学1年生と年長児の姉妹がいる、あるお母さんの仕事は、ガーデニングです。ガーデニングの資格試験の勉強もしていて、忙しい毎日を送っています。

もともとＯＬだったそのお母さんは、27歳のときに会社を辞めたそうです。その後留学もして、ガーデニングの仕事に就いたお母さんは、「これは、私の天職です」と笑顔でおっしゃっていました。とても輝いています。

仕事が忙しく、下の子と一緒に過ごす時間が短いのが悩みです。そのことに負い目を感じていたので、「そんなことはありませんよ」と伝えました。

昼間は働き、夜は家事、子どもが寝てからは自身の勉強をしている母。

そんな姿を見ている上の子は、

「洗濯物、たたんでおくよ」

「妹のお迎え行ってくるよ」

と、自ら動いてくれているとのこと。

本当に偉いし、立派に育っています。

思春期だから、たまには親子バトルになることもあるようですが、母は仕事の話を、娘は学校の話をフランクにできる関係にあります。

子どもは親の背中を見て育つもの。

仕事をしているからこそ、人生の大変さも喜びも、自分の背で伝えることができるのです。

そして、ひと昔前に比べれば、家事の外注も送り迎えの外注もできるようになりました。ＰＴＡもLINEなどの便利な連絡手段でやりとりするようになってきている時代です。

どの家庭にも当てはまる、画一的な解決策はありませんが、私生活での制約は、地域の繋がりや保育サービス、ネット社会の文明の利器で、ある程度までは解決していけるのではないかと考えます。

徐々に時代がみなさんを後押ししはじめているのです。

大丈夫
みんなで変えよう
世界をね

働くママの特徴⑦

手作り＆家事完璧圧力に押しつぶされそう

ご飯の悩み、手作り品の悩み、掃除が行き届かないことへの罪悪感を抱くお母さんもいるようです。

ご飯には、こだわりたいお母さんもいます。

母となって、子どもには安全でおいしいものを、と食育に目覚めるママもいます。

それは、子どものことを思う、とても尊い気持ちです。

ただしひとつ言えるのは、**髪を振り乱して無理をして母が必死で作ったご飯を黙々と食べるよりも、一緒に「おいしいね」と笑顔で会話しながら食べる外で買ったご飯のほうが子どもは好きだということです。**

自分に無理のない範囲でやるのがいいのではないでしょうか。

キャラ弁なども、楽しめる場合はいいのですが、20年前にはありえなかったことです。

ＦＢに載せて「いいね！」が返ってくることでやりがいに繋がる場合はいいのですが、よその子のキャラ弁を見せられて、

「私、やってあげられていない！　うちの子、かわいそう」

と思う必要はまったくありません。そんなことはしなくても、いままで育っているのですから。

「**ご飯は〝おいしくなーれ♪〟と念じる**」とは、先輩ママからの金言です。

手作りバッグやグッズに関しては、できなくて引け目に感じるというお母さんもいますし、一方で「手芸などの手作りがもともと好きだから、これは自己満足でやっています」というお母さんもいます。

人それぞれですね。

悩んでいるお母さんには、

「買えばいいじゃないかー!!　ネットで「手作りバッグ」で検索して解決♥」

という先輩ママの言葉をお贈りします。時代が後押ししてくれています。

掃除洗濯については、

「手抜き、テヌキ、ＴＥＮＵＫＩ！」

「掃除をするときは眼鏡をはずす。ほこりじゃ、人間は死なない」

などの声が寄せられました。


つまり、何が言いたいかと言うと、心のありようが何より大事だということです。


ご飯なら、「ちゃんと食べているかな」の想いが肝なのです。

「父母は共働きで一緒にはなかなか食べられなかったけれど、いつもご飯の時間にはお母さんから電話が来ていたから、寂しくなかったし、愛情を感じていた」という花まる学習会の社員もいます。

他のお母さんと比べて、「私、あれもこれもやっていない症候群」に陥るのではなく、時短グッズや他の人の手を上手に利用して「完璧のレベルを下げて」いくことをオススメします。

何度でも言います。

社会に出て活躍している人の共通点は、おおらか母さんからたくさんの想いを受け取って育てられたということなのです。

さぁそうじ
メガネはずして
きれいだな！

働くママの特徴❽

学歴信仰にとらわれない

この章の最後に、学歴信仰からの脱却をお伝えしましょう。

働くお母さんは、仕事のうえで、「たいしたことない有名大卒」をたくさん見ていますから、学歴信仰にとらわれることはありません。


私自身が聞いた話を紹介すると、ある会社の50歳前後の窓際族の男性の口癖は、「高校からA高校に入るのはむずかしいんだよ」ということ。

どういうことかと言うと、高校入試を経て超難関私立高校に入ったが、T大学に行けずK大学に進んだとのこと。

K大卒として自信を持てばいいのに、コンプレックスを克服できずに、仕事も振るわず、50代にして窓際。

自分が輝いていた高校入試の成功体験にずっとしがみついて生きてしまっているの

です。

人が求めるのは過去の威光ではなく、「いま、あなたには何ができるの？」ということなのですが、そこは見たくないのでしょう。

非常に悲しく残念なことです。

つまり、20歳以降、社会に出てから活躍するために一番大事なのは、テストの点数でも出身校でもなく、結局はクリエイティブに考える力と人間力、そして体力なのです。

わが子を有名大学に合格させたいお母さんもいるかと思いますが、学歴信仰に陥らないでほしいですね。

幼児期においては、何度も人とぶつかって仲直りする経験や、大自然の中で五感を使って遊び尽くすような経験こそが、人間の大きな器を作っていくのだと私は信じています。

メシが食え輝く人に育てよう

Column

働くお母さんの特徴や「あるあるネタ」をまとめてみました。いかがでしたでしょうか？

ここで、少しまじめな話をしてみると……。

「働くママが当たり前」の時代へ

まず、これからは働く母が圧倒的に増えていく時代です。

著名な経済学者であるピーター・ドラッカーが「すでに見えている未来」として、人口（出生数）に注目することを説いていますが、今後、人口傾斜的に日本は、母が働くか、移民を受け入れるか、ロボットの登場を待つかのどれかになるでしょう。

「男が外で死ぬほど働いて、妻は家で家事育児に専念するといういわゆる専業主婦の家族形態は、明治時代から高度成長期までのほんの一時代だったね」と回顧されるときが来るはずです。

２０２０年になくなる仕事のひとつに、「専業主婦」という項目があったのは記憶に新しいですが、現実に、30代以降の平均収入が一昔前より２００万円ほども下がっている現代ですから、高度成長期のような、夫の右肩上がりの給与は期待できません。総務省の「就業構造基本調査」によると、子どもがいる世帯のうち、妻が働いている割合は30歳前後で高まっている、ということです。

２００２年の時点では40％を切っていましたが、２０１２年では50％、現在は60％ぐらいかと言われています。

つまり、すでに約半分以上が働く母なのです。

本書を手に取られている共働き夫婦のみなさん、もしくはこれから働こうとしているお母さんたちは、もうすでに見えている未来の最先端にいるわけです。

とはいえ、いまはまだ過渡期

20年ほど前のことですが、ある教育関係者は講演会で「母親が家で待っていない子なんて、ろくな者に育つわけない！」などと息巻いていました。

テレビでも、コメンテーターが知ったかぶりで同じような高説を垂れていました。

かくいう私も（現在50代です）結婚当時は、「妻には働かないでほしい」と思っていました。

妻を働かせるのは、男の沽券に関わるような気持ちがあったんですよね。

それがいまでは、大幅に変わりました。

先ほどの同じ教育関係者が、「いまはみんなが働く時代、社会で育てる時代ですからね」と言います。

この20年くらいで社会情勢が様変わりしたということです。

ただし、いまはまだ過渡期です。

家で子どもと夫を待つ母幻想は、親世代に特に根強く残っています。

また、企業によっては、育児休業を取れない雰囲気だったり、復帰しようとしても育児と子育てを両立する環境が整っていなかったり。

また、一度仕事を辞めて専業主婦になると、手に職がないかぎり再就職が困難であったりもします。

専業主婦こそが危ないかも

しかし、常々言っていることですが、現代的病**（地域の崩壊、コミュニケーション力の低下、母の孤立）**の現代社会では、ボランティアでも仕事でもお母さんが外に出ているほうが、子どもは健やかに育ちます。

講演会でよく言うのは、専業主婦家庭の閉じた様子です。母と子がカプセルの中に入ってしまって、存在感があるのかないのかわからないいくらい小さな父がいて。

もちろん、父は外ではピカピカに輝いて家族のためにがんばっているのですが、こと家庭のことになると、存在感は豆粒のようです。

こういうカプセルの中で、多くのまじめなお母さんは、一生懸命子育てをするのですが、風穴が開かないのでイライラが止まらない。

そのイライラは子どもへ、そして不在の父にも向けられ、子どもも母も共倒れの構図にはまっていく……。

ひと昔前は、「地域のおばちゃん」が生き残っていた時代でした。

家に帰ってくると、縁側に近所のおばちゃんが腰かけて、せんべいを食べている時代があったのです。

子育てをすべて経験した先輩が、若くて至らない新米母さんに声かけし、アドバイスし、気づかい、ねぎらう。いわば、「お母さんのゆりかご」のようなネットワークがありました。

地域が子育てを支えていたのです。

「赤ん坊はそれくらい吐いても大丈夫よ」

「寝てないんでしょ。少し抱っこしてあげるから、横になりな」

と、親きょうだいでなくとも頼れる近所のおばちゃんたちがいたのです。

しかし、現代の病のひとつは、「支えあうおばちゃんシステム」が崩壊していることです。

新米ママたちが、育児書やネット情報を片手に一生懸命子育てするのですが、ちょっとした心配や不安を直接誰かに吐き出すことができず、他の人と繋がることができず、孤独な子育てに追い込まれているのです。

つまり、時代的にいまは、専業主婦こそが危ないのです。

たとえば、家族の中で、母が姉にはきつくて、弟には甘いという構図があったとします。

昔なら、「姉にきつすぎだろ」と言える夫がいました。

そして、地域のおばちゃんたちが、「お姉ちゃんにきつすぎよ」とちゃんと言ってくれたのです。

でも、いまの時代は夫は弱く、おばちゃんはいない、という状態。

構造的に孤独な母は、イライラに追いこまれている時代なのです。

では、そんな時代にどう子育てをするか。

答えは、母が孤独にならないカードを自らつかみにいくということです。

仕事、趣味、ママ友、実の母、アイドル　ヨガなどなど。自ら風穴を開けなければなりません。

実は10年ほど前までの講演会では、「夫たちよ、妻の話を聞いて」と、一生懸命に言っていました。

孤独な母たちの悲鳴を聞くにつけ、夫が妻を支えるしか道がない、と思っていたからです。

でも、何年か言い続けてわかりました。

無理なものは無理なんだ、と。

夫と妻は、男と女ですから違う生き物です。

妻の話を聞き続けるということ自体が、夫には苦痛なのです。

こうして偉そうに言っている私も、実は妻の話を聞き続けるのは15分が限界です。

「隣の○○ちゃんがひざをすりむいたの〜〜」

「韓流が○○、嵐が○○……」

まったく興味がありません。

ウンウンとうなずくふりはしますが、実際は妻を支えねばという気持ちでなんとか付き合っているのです。

男は共感しあうことにはほとんど興味がないし、基本的に解決思考なのです。

相談されたと思って解決策を提示したら、妻に「あなたは聞いているだけでいいの！」とキレられて、途方にくれるのです。

ただし、ごくまれに、ふたりの趣味が一致している場合、たとえばそろって浦和レッズのファンというご夫婦で「レッズのことなら話も盛りあがるんですよ」というケースもなくはないのですが、男と女のコミュニケーションのあり方は、多くの夫婦を見ていても、すれ違うものだなと感じます。

そんなこんなで、お母さんたちには家事育児だけではなく、「外」へ目を向けることを勧めています。

女性特有のおしゃべりをしたい欲求も仕事やママ友、実の母、趣味などで解消できるでしょう。

仕事をしている多くのお母さんたち、実は「専業主婦には戻りたくない・戻れない」と思っていませんか。

働くお母さん向けの講演会をしたときも、この質問をしてみたのですが、多くのお母さんは笑ってうなずいていました。

仕事はきついこともありますが、成果を出したらその分を他者に評価してもらえるところが家事育児とは大きく異なる部分です。

子育てでの成長とともに、仕事での自分の成長を実感することもあるでしょう、生きがいにも繋がっていきます。

よりよく子育てをするための安心カードのひとつに「仕事」があると思ってもらえたらと思います。

第2章

働くお母さんが勉強を見てあげるポイント

助けて！ イライラがとまらない

▼勉強でわが子にイラッとくるときはありますか

第1章では、働くお母さんの特徴や「そういうことって、あるある」をお伝えしました。この章では、花まる学習会が実施した、「働くお母さん1050人アンケート」の生の声をもとに、まずは気になるわが子の「勉強」についてお話しします。

学習に関して言うと、多くのお母さんが、どこかの段階でわが子にイラッとくるようです。わが子の将来を思えば、どうしても口うるさくなってしまうのが母心だからです。

しかし、そうはいっても、働くお母さんは自分の子を比較的冷静に見られるなぁと感心することもよくあります。

ほどよい距離感が、子どもの学習に付き合うポイントなのかもしれません。

アンケート結果による次ページのグラフを見てください。ストレスがないお母さん

Q 勉強でわが子にイラッとくるときはありますか

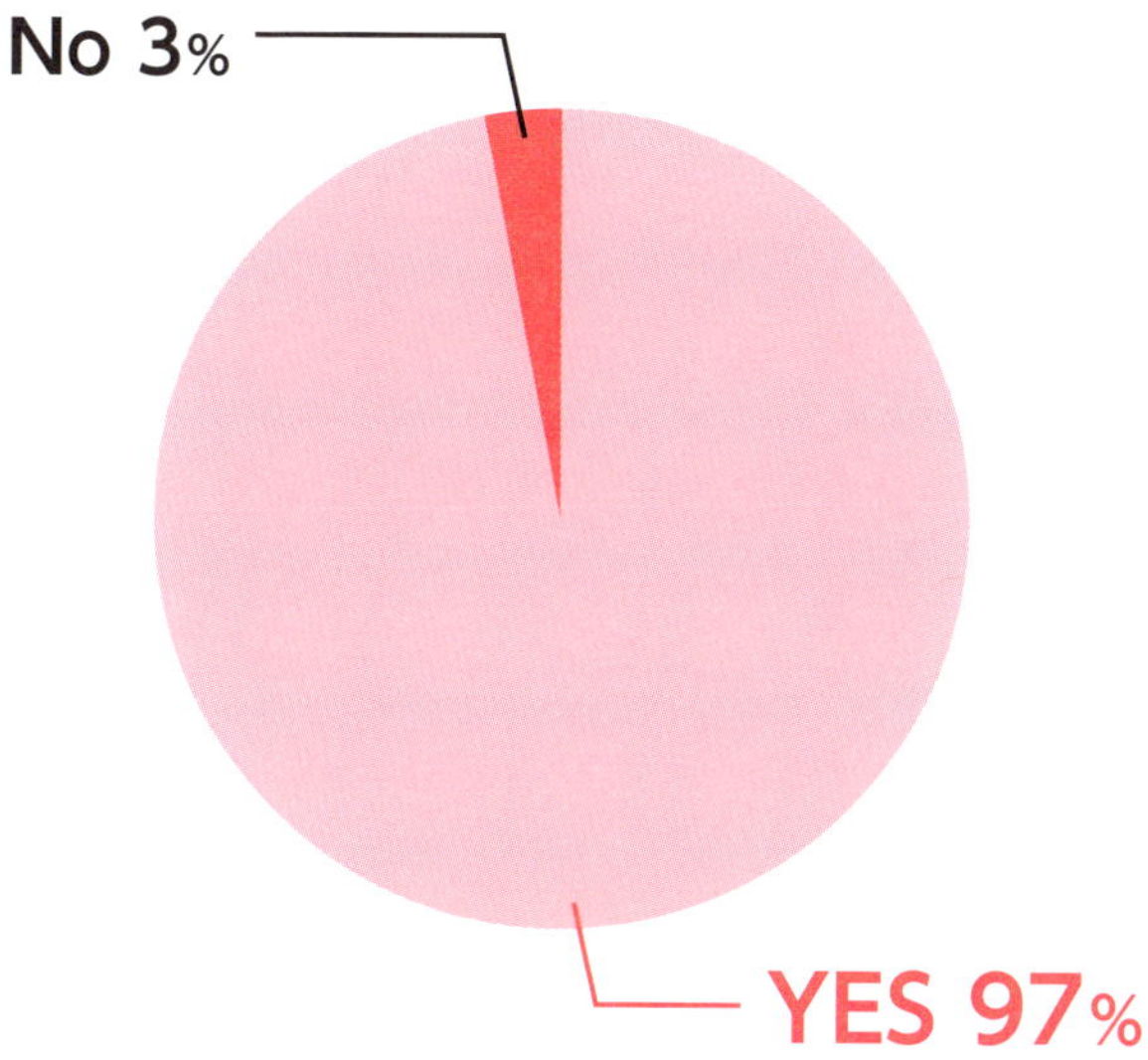

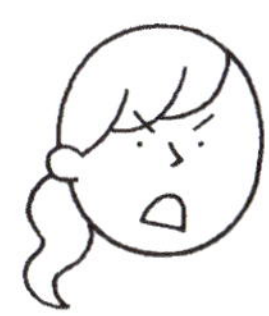

も30人に1人くらいいるようです。

でも、「ＹＥＳ」が97％！　多くのお母さんは、イライラきているようです。

イライラパターンには、大きく分けて４つあります。

①取りかかりが遅い、ダラダラにイラッ

「とりかかりが遅い」「ダラダラやっている」ことにイライラするお母さんが典型的な例です。

▼宿題をやりたくないのがミエミエで、眠いと言いながら、まったく進まない！　落ち着いて考えたらわかるはずの簡単な問題を「わからない」「頭が働かない」と言って投げ出す！

怒りの声、炸裂《さくれつ》です。

そもそも大人は時間に縛られて生きる生き物ですし、特にお母さん自身はいつも時

間に追われながら働いているから、子どもに時間感覚がないことにイライラしてしまうんですよね。

「ちゃんとやりなさい、ちゃんと！」とキレてしまうのは、日本中のお母さんに共通です。

この解決法は、勉強する時間を決めて「**習慣にすること**」です。しかも、小学１年生から徹底しましょう。

習慣こそ勝利の方程式です。歯磨きと同じくらい、毎日欠かさない習慣になれば、ＯＫです。

そして、**タイムを計るのは鉄則です**。

「よーい、どん！」と言われると、小学１・２年生ぐらいだと体が自然に動きます。花まる学習会では、この法則を計算教材「サボテン」で使っています。

小学３・４年生以上になると、いくら親が言ってももう聞きません。減らず口をたたいて、逃げまわるようになります。

この歳までに習慣化できなかったときは、第二の手段、外の先生＝師匠にガツンとやってもらいましょう。

宿題ができなかったら、怒られて居残りになるくらいが、理想です。

そして、そうやって熱く指導してくれる外の師匠を見つけることが、この年代以降の親の仕事なのです。

つまり、子どもの発達に応じた対処が必要ということです。

②母の鬼門、文章題

2つめのパターンは、文章題ができない子どもにキレるお母さんです。

花まる学習会では、「文章題はお母さんが教えないでください」と言い切っています。

理解をともなう問題をお母さんが子どもの横について一緒にやりはじめると、次第にイライラしてきて雰囲気が悪くなり、「いま、言ったじゃない！」と爆発。ついには考えることを嫌いになってしまう子どもが多いのです。

「先生に聞いてらっしゃい」が、最もよい解決法でしょう。

もしくは、お父さんが登場するか、他のお母さんに教えてもらうか。団地で子どもを交換して勉強を教えたら、とてもうまくいったと聞いたことがあります。どうしてもわが子に対しては愛の裏返しでイライラするからです。

子どもというのは、たいていは思いどおりにはならないものです。**思いどおり・期待どおりにならない、ということを肝に銘じておくことが大切です。**

③ケアレスミスにイラッ

３つめのキレパターンは、ケアレスミスです。ケアレスミスには、何種類か型があります。

たとえば、書き忘れ型・読み飛ばし型・ガサツ型（自分の字が読めないことでミス）・見落とし型……。

まずは、わが子のミスがどの型なのかを見定めてほしいと思います。

そのうえで、ケアレスミスはゼロにはできないことを知っておいてください。集中力がひときわ高いトップの子たちにも必ず、多少のケアレスミスがあります。

お母さんの声かけとしては、「**これができたら、満点じゃない！**」「**次は見落とさないように、最後に見直しをしよう**」など、ケアレスミスの発生確率を低くする方法論を教えてあげることが大事です。

また、**短い集中課題を毎日やっていくのも効果的です**。

たとえば、百マス計算。

「早く、ミスなく」を何度も練習するのです。ミスなく早く解くことそのものに慣れる必要があります。

受験では、点数を取るべき問題を確実に取れていなければ、不合格になるのは自明なことです。

受験期直前は、じっくり考える思考力問題とは別に、まとめ問題などをスピード感を保って正確に解くという訓練をオススメします。

子どもはよく「ほんとはわかっていたんだけど、間違えちゃった」と言いますが、間違える子は、とことん間違え続けます。「このままではまずい」と思い、傾向を分析して自分で改善しようとする努力が必要です。

たとえて言うと、自転車に乗る集中力と一輪車に乗る集中力は異なります。どんなに自転車には乗れたとしても、一輪車は練習して乗り方を会得しないと乗れるようにならないのと一緒です。逆に一度、一輪車に集中力を持って乗れるようになると、ずっと乗れるのです。

ケアレスミスをなくすのは、実は社会人でも難しいことです。ヌケ・モレが多いのと問題の根は同じでしょう。

会社では、お局様の存在は大切です。

「高濱くん、燃えるゴミと燃えないゴミは分別して」と指摘され続けないと、できるようにならないケースは多々あるのです。

働くお母さんは、「こんなこともできないで、社会に出てからどうするの？　何回言えばわかるの？」と、わが子に余計に腹が立つかもしれませんが、**ケアレスミスを一足飛びにゼロにしようとする願いこそが、子どもをつぶします。**

冷静に根気よく何度でも諭《さと》しましょう。

④時間の割に量をこなしていないことにイラッ

最後は、時間をかけている割に量をこなせていないパターン。

長男、もしくはひとりっ子に比較的よく当てはまります。あまりよくない傾向です。

机に向かっているけれども、集中していない感じ。もしくは、量はやっているのに、さっぱり成績に反映されない状況。

これは、ずばり集中力の問題です。

結論としては、その子が熱中できるものを持っているかどうかです。

先ほどの一輪車の集中力と同じ話で、集中している状態を身体で体感することが重要なのです。

それは、必ずしも勉強に限らなくてもいいのです。

何か熱中するものを探してあげるのがいいですね。

もし熱中するものがないとしたら、「あれしなさい！」「これしなさい！」とお母さんからの指示が多かった家庭なのかもしれません。

または、習い事漬けで子どもが疲れている場合もあります。いい子すぎるのも要因になりえます。

「お母さんに怒られませんように」という思いで机に向かって学習し続けても、結局は自分の中から湧き出るもので動かないと、どこかで息切れします。

その傾向は、大人になっても続いてしまいます。

わが子を「指示待ち族」へ育てたいお母さんはひとりもいないでしょう。

最近よく思うのが、「夢中は、夢中体験がある人からしか生まれない」ということです。

過集中は宝物です。

このところ名のある人たちと囲碁を打つのですが、そういう人たちは、声をかけても人の言葉が聞こえていません。

たかが囲碁ともいえますが、やる以上はものすごく集中するのです。真横で「こんにちは！」と声をかけても聞こえていない状況に、びっくりすることが多々あります。

夢中といえば、花まる学習会のあるスタッフのことを思い出します。

彼は、本当にグチを言わない社員です。ずっとサッカーをやってきたけれど、どこか熱中しきれない感じがあったため、大学に入ってから、駅伝を始めたそうです。しかも、箱根駅伝でも有名な強豪校での話です。

もちろん、最初は歯牙にもかけてもらえない、お荷物状態です。

その状況でも、誰よりも朝早く行って練習し続けた。

それでもなかなか結果は出なかったのですが、走ることは楽しくてしょうがなくて、夢中で走り続けた、と言います。

最後は、厳しいことで有名な監督にも、一目置かれるようになったとのこと。

「努力」はもちろん美しいのですが、「夢中」はそれを凌駕《りょうが》します。

「努力」は、ある意味取引です。

「こんなにがんばっているのだから、願いが叶うだろう」という思いがどこかにあります。計算や漢字の書き取りなど、やらなければならないことには、それもいいでしょう。

でも、私が見てきたすごい人たちは、何にでも没頭している人たちです。

「没頭していたら、いつのまにかここまで来た」と、自分の仕事の軌跡を振り返るのです。

「仕事に没頭して燃える人」と、「こんな仕事じゃあ……やっていられない」と言う人と、人には2種類いますが、「こんな仕事じゃあ……やっていられない」と言って逃げる人は、そこまでで終わりでしょう。

成果が出るまで自分事として仕事に没頭できる・夢中になれる人こそが、企業が欲しがる人物ですし、成功する人物です。

机に漫然と向かう子どもたちは、もしかしたら、やらされ感で生きているのかもしれません。

机の前に座ってさえいれば何も言われないということを、どこかで体得してきた可能性があります。

講演会などでもくり返しお伝えしていますが、いい遊びが集中力の原点です。

幼児期のうちは、どんな遊びでも「楽しかった！」と満喫しているのならひと安心です。

夢中の子
神の時間だ
邪魔するな

計算と漢字は朝の習慣が効果大

▼子どもの宿題はどの時間帯にやらせますか（小学生　学校・塾）

花まる学習会では、計算や漢字の書き取りなどは、小学1年生から「朝」にやることを勧めています。

夕方以降の時間は、習い事もあれば学校の宿題もあります。遊びたいし、見たいアニメも放映されている時間帯です。どうしても予定がずれこんでしまいがちです。

ですが、「朝」は習慣にさえできれば、必ず勉強時間を確保できます。

そして、計算と漢字だけは、毎日コツコツやれば必ずできるようになるものです。歯磨きのような習慣として、机に向かって短時間でもいいので集中できるようになれば、一生の宝になります。

高学年以降に伸び悩む子の壁は、「机に集中して向かう習慣そのものがない」ことです。「いやだ、いやだ」と言って、逃げまわる子もいます。

1日10分、されど10分です。

集中して机に向かう習慣を低学年時代に身につけた子は、高学年以降の長時間学習にも耐えられるようになるのです。

Q 子どもの宿題はどの時間帯にやらせますか（小学生　学校・塾）

- 帰宅後、小学校の宿題の後に塾の宿題（19時から20時頃）。以前は朝にやらせようとしていたが、寝起きが悪くやる気にさせることができなかった
- 夕食の後が多い。塾の宿題は土日どちらかの午前中

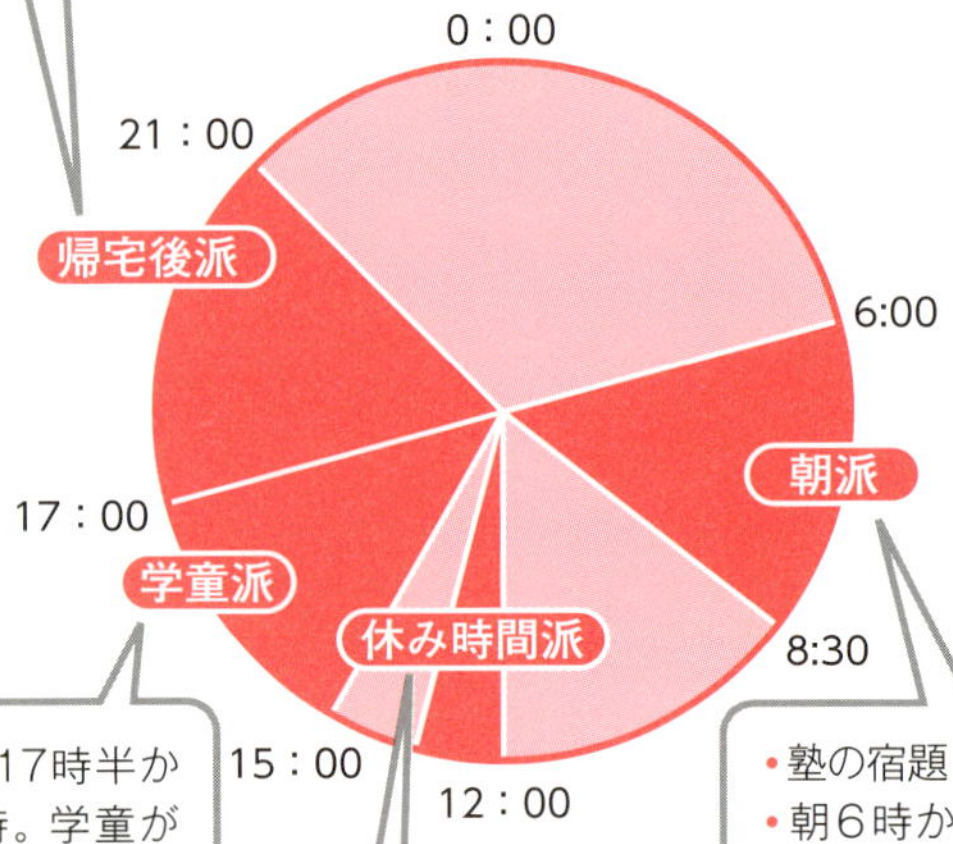

- 学童の17時半から18時。学童がないときは家で夕食の前後。寝る前のときも

- 学校の宿題は、基本、学校の休み時間に終わらせてくるように言う。どうしてもの場合だけ、夕食後に付き合う。とにかく21時就寝厳守のために子どもに指示出しをする

- 塾の宿題
- 朝6時から15分間→塾の宿題、5問漢字テスト。15時半から30分間→学校の宿題。20時半から30分間→学校の宿題の残りプラスアルファ

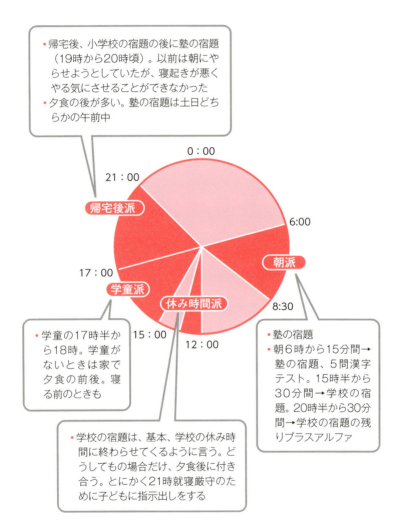

外の師匠が言うことは案外素直に聞く

▼勉強でつまずいた単元はありましたか。どのようにサポートしましたか

小学校低学年で習う問題や、漢字や計算など、やればできる問題はともかく、文章題などの考える問題は、基本的に外の師匠に任せるのがオススメです。

親だとついつい「何べん言ったらわかるの！」「ちゃんと読みなさい、ちゃんと！」と感情的になってしまうところをプロに任せるのです。

子どもも親に言われると意固地になって「わかっているよ！」などと反抗します。

ところが、外の師匠が指摘すると、案外素直に聞くことができます。

お父さんの教え方がうまい場合は、お父さんに任せるのもいいでしょう。

子どもがつまずいた単元に対するサポートを見ると、「工夫・やりくり派」と「アウトソーシング派」に分かれるようです。

Q 勉強でつまずいた単元はありましたか。どのようにサポートしましたか

工夫・やりくり派

つまずいたのは算数の図形。消しゴムを削り、視覚的にイメージできるようにした。

- すべて必死に教えた。
- できないところは復習をさせる。テストの間違いは印を付け、直しをやる。平日は祖母、休みの日は親がサポート。
- つまずいたのは作文!? めんどうくさがることが多い。スラスラと取り組めたときはほめる。
- 割算につまずいた。みかんやケーキ、飴玉など実際にものを使って分ける方法を示した。

アウトソーシング派

夫にアウトソーシング！私は応援のみ。

▼つまずいた単元はあるのだろうが、ほとんど把握していない。高学年は塾に行っていたので、「塾の先生に聞いておいで」と言っていた。

▼「九九」。花まるの先生に協力してもらいながら時間をかけて習得した。

▼すぐに花まる学習会の教室長にメールして、対応してもらった。私が伝えたり教えたりすると、子どもたちの頭がややこしくなるので。プロに任せる。

▼漢字は、毎日くり返し少しずつ取り組む。文章題は、塾の先生に指導を依頼。

やっぱり壁に貼るのは鉄板。効果あります

▼勉強法や暗記法でどんな工夫をしましたか

「働くお母さん1050人アンケート」は、本当に勉強になります。この後の記述を見てもらえばわかりますが、みなさん、うまい！　さすがですね。

働くお母さんは、短時間でも効果が上がる方法をわかっています。

好奇心が伸びるような環境を整えてあげるのはもちろん、壁に貼るのは鉄板です。

車などでの移動時間も、クイズのように口頭で出題すると子どものやる気がアップします。

「環境整え派」「貼る派」「移動時間活用派」「その他ナイスな作戦派」をご紹介しましょう。

Q 勉強法や暗記法でどんな工夫をしましたか

環境整え派

カタカナを覚えるのに、妖怪の名前全部をノートに書かせて夏休みの宿題にした。

▼ことわざかるた、人気マンガキャラの日本旅行（日本地図）のボードゲームで遊んだ。

▼九九のCDを流した。テレビで外国が出てくると、地球儀で場所を確認。

▼都道府県は、実際に遊びに行き興味を持たせる。車のナンバープレートで、県名や場所を覚える。

▼「日本の歴史」「三国志」の漫画をそろえた。生き物の世話をさせた。

▼地球儀を使って国名クイズを出したり、リビングの壁に日本地図を貼った。子どもは勝手に学校ごっこをして国名を覚えたりしている。

▼ダイニングテーブルで勉強させることで、台所にいる自分がみてあげられる。

トイレ・風呂・天井・壁などに貼る派

▼トイレにいろいろ貼ってある。

▼九九は入浴中に覚えた。風呂にポスターを貼っていた。九九を正しく覚えられたら、クイズで「2×3が？」と聞き、子どもが「6！」と答えたら、「残念、ニィサン……ヨッテラッシャイミテラッシャイでした！」とか、「1×5（イチゴ）は？」「5！」「残念。おいしい！が正解」とかアレンジしていた。

移動時間活用派

▼車で移動することが多いので、CD（九九の歌）をかけて、歌いながら上の子も下の子も同時に覚えた（下の子は覚えるのが早すぎで、いざ必要になったときには忘れていた。だが思い出すのも早かった）。

▼帰り道に時々、九九や四字熟語合戦をする。

▼「不意打ち九九」を時々やったくらい。

その他ナイスな作戦派

学年末には、「１年間こんなにやったんだよ」とやってきた量を見せて、自信に繋げる。

▼漢字は指書きでときどきチェック。空中にも書けるので、家事をしながらでも見られる。漢字検定前は、間違えた問題だけ総復習。わからない言葉が会話で出てきたら、その場で調べる。

▼手作り漢字テスト（毎朝５問、反復練習）。

▼漢字や計算は量をこなさないと身につかないので１枚１枚切り取るドリルを買ってきて「今日は何枚やってみようか？」と枚数をこなした。

▼暗記は、夫と世界の国旗１９４か国をプリントアウトし、切り取り、万国旗のように地域ごとに吊るし競って覚えた（親子で競う！）。出かけるときの車内では、山手線ゲームで世界の国を言い合っていた。勉強は、「仕事はおもしろい！　勉強しないと勤められない。貧乏だと旅行にも行けない。楽しくないよー」というオーラを出す。

さぁ、どうする? 小学校受験・中学受験

▼子どもに小学校受験・中学受験をさせようと思います(ました)か

小学校受験・中学受験・高校受験、どれを選ぶか

まず、前提として、小学校受験・中学受験は、親の受験であることを押さえてください。親が受験校を決め、受験生活の主導権を握ります。

もちろん勉強するのはわが子ですが、環境を整え、学校見学に一緒に行き、自分たちの子育て方針と合致する受験校選びをすることは、完全に親の仕事なのです。

子どもは、見にいった大抵の学校を好きになります。

たくさん行って子どもに選ばせるのではなく、親が「ここなら大丈夫」と認めた学校に連れていくべきなのです。

「私立と公立、どちらを選ぶべきか?」とよく聞かれますが、どちらにもメリット・デメリットがあります。ワンポイントでお伝えします。

私立小・中学校のメリット

・子育ての理念に合ったところへの進学が可能
・経営努力をしている(競争原理が働いている)＝高い進学実績

私立小・中学校のデメリット

・似たような子どもが集まる＝一面では打たれ弱さになりえる
・金銭面で負荷がかかる

公立小・中学校のメリット

・地元密着型＝人脈が広がる
・様々な人が集まる＝社会の縮図を体験できる、骨太に育つ

公立小・中学校のデメリット

- 競争原理が働かない＝やる気のある先生とそうでない先生の差が激しい
- 悪い仲間に感化されるリスクがある

また、**中学受験に限れば、精神的に成熟している早熟タイプの子のほうが向いていると言えます**。

中学受験には、たとえば「悲しみをこらえて、あえて明るくふるまった」とか「好きな異性にわざとそっけない態度をとった」などと、行動の裏側にある本音をきちんと汲み取れるかどうかを問う文章題が出題されます。

つまり、子どもに「大人度」を求めるのです。男の子は、特にこの点で苦労する場合があります。女の子に比べて、精神的な発達が多少遅いからです。

しかし、小学校高学年の段階ではまだまだ幼い子も、中学生になれば見違えるように成長していきます。大器晩成型は、どちらかといえば高校受験向きといえるでしょう。

また、もう一つ端的に言うと、「片づけ」ができない子は、中学受験には向いていません。

片づけとは、段取りのよさにも繋がります。中学受験の膨大な知識を要領よく覚えて頭の中で仕分けていくためには、段取りのよさ＝片づけ能力が必要です。

また、片づけは、「自分のことは自分で」という主体性や意志力にも繋がります。つまり、自分の身のまわりのことすらひとりでできない子は、大まかな向き不向きでいえば中学受験には向いていないといえるでしょう。

ただし、部屋の汚さと片づけ能力は比例しません。

自分の部屋がどんなに汚くても、どこに何があるのかわかっている子もいます。その場合は、望みがあります。

どちらを選ぶにしろ、それぞれにメリット・デメリットがあります。それを理解したうえで、夫婦でじっくり話し合い、わが子にとっての最善の道を選んでください。

詳しくは、拙著『中学受験に失敗しない』（ＰＨＰ新書）、『危ない中学受験』（幻冬舎エデュケーション新書）をご覧ください。

Q 子どもに小学校受験・中学受験をさせようと思います（ました）か

▶自分が中学受験をして一貫教育の良さを知っているから。

▶子どもが「通いたい！」と言ったのが進学塾で（後から知った）、気がついたら受験をすることになっていた。

▶本人が希望したから。

▶高校受験は後がないので実力以上のところに挑戦しにくい。中学反抗期に「勉強しなさい！」ともめたくない。金銭的に安い以外で公立中学に行くメリットもないと感じる。男子は中学生くらいで伸びる子がいると聞くが、１人目ゆえのんびり待つことが親の私にできない。

▶私が中学受験をしたので。でもいまは本人に任せたいと思っている。

▶一生勉強と付き合ってほしかったので。

▶長男には焦りからさせた。次男は自らしたいと言うから。三男はどちらでもよいという気持ち。

▶兄は公立中に行ったが、妹は中学受験をした。兄が３歳違いで高校受験だったのと一緒に中学受験をさせて、受験をまとめて終わらせたかったから。３年ごとの受験では、習い事など勉強以外のことを休まないといけなくなるから。

▶自分が中学受験の経験者で中高一貫校を卒業し、一生のよい友をたくさん得ることができたから。しかし、能力と向き・不向きを考え、自分の子どもにはさせなかった。

Q 子どもに小学校受験・中学受験をさせようと思います（ました）か

- 自分が私立の中高だったが、合わなかったといまでも思っているから。
- ひとりっ子のため幼い。小学生の時代は机上の勉強より、五感をフルに使った実体験をいろいろさせたいから。
- 性格的に「どうかな？」というのと、金銭的な問題。あと、まわりを見ていて、大多数のお母さんの鬼のような顔。でも勉強が好きで、向いている子もいると思うし、本人が受験したいと言えば……。が、一番遊びたい盛りに、夏休みもなく、好きな習い事もやめて、大人になったときにどこかで歪みがでる気がする。あと、一番は私自身ががんばれない（笑）。
- 引っ越すかもしれないから。自分も旦那も公立だし、まだ情報もない。混んでいる電車に小さいうちからはちょっと……。
- 公立でもまれたほうがよいと思うから。
- 公立メジャー地域で、私立への通学は距離的に非常に大変なので。
- 子どもの学力が受験レベルに達していない。また、親が十分にフォローできないため。
- ６年生まではのびのび野外で外遊びをして遊びきってほしい！から。

働いているからこそ、よい加減で目を離せる

▼働いていることで受験でのハンディを感じたことはありましたか

まずは、ハンディを感じたというアンケートの声をご紹介しましょう。

▼プリント、テスト等が整理できず、何をどういうふうにやっているのかまったくわからない状態。塾の先生に聞きまくった。

▼子どもが授業を受けている間は、ママ同士の情報交換の大事な時間だったようで、知らないことが多々あった。初めは受験するつもりもなかったので、親子共に意識が低かった。それでも、塾の先生が丁寧に指導してくれたので何とか合格できた。

▼来年受験予定。とにかく時間をかけてあげられず、塾に行っているだけで偏差値も40前後、どう対応していくか模索中。

▼平日は行けないので、土曜・日曜の学校説明会に積極的に参加した。

働くお母さんが子どもの受験で悩むのは、割ける時間に限りがあることと、十分な情報を集められないことでしょう。

こんなふうに言うお母さんもいました。

▼仕事をしていると、自分自身も成長できるし、やっていてよかったと思う。わが子にも自分のように、「子どもができてもやりたい！」と思える仕事に出合ってほしい。そのために、きちんとした教育を受けさせたいと思うが、どうやって受験に関わる時間のやりくりをすればいいのか……。

かわいいわが子のことですから、やはり悩みますよね。

結論から言うと、学習環境を最低限整えてあげるところまでが親の仕事。勉強そのものは、塾の先生に任せていいと思います。

また、情報不足も、塾の先生に直接聞くことで解消すればいいでしょう。

今後、働くお母さんが爆発的に増えていきますから、塾の先生も一昔前のように、「情報収集はご家庭で」というスタンスではいられなくなってきます。

また別の側面で言うと、受験がたとえうまくいかなくても、精神的なダメージからの回復が早いのは、外で働くお母さんです。

一生懸命に仕事をしているので、受験に振りまわされすぎないで済むようです。

10年以上前のことを思い出します。

ある男の子がスクールＦＣ（花まるグループの受験塾部門）に通い、御三家の一つを受験しました。実力はある子だったのですが、試験は一発勝負。残念ながら不合格になってしまいました。

押さえの中学にはもちろん受かったのですが、なんと、第一志望に落ちたその日から、専業主婦だったお母さんが、塾の入り口で泣き続けるのです。

「どうして落ちたの……。どうして……」

泣くこと一週間。

雨の日も晴れの日も、毎日毎日塾の入り口で泣き続ける母……。参りました。

でも、この間10年ぶりにばったり会って、水を向けてみたら、「そんなこと、ありましたっけ？」とあっけらかんと言われました（笑）。

お子さんが中学に進んでから仕事を始めて、いまは充実した日々を送っているそうです。

この例は極端ではありますが、働いているお母さんは、一般的に切り替えが上手です。

そうそう子どものことだけにこだわってはいられないことが、逆に受験ではよい方向に働くことがあります。

結局勉強して受験するのは子ども自身なのですから、目も手もかけすぎるとかえってよくありません。

あるお母さんは、子どもが中学受験の勉強をしはじめてから、自分の自由時間が増えたと言っていました。

子どもが平日の塾に行っている間は、自分も時間があるので、15年ぶりに趣味のジャズダンスに通えるようになったとのこと。

子どもの受験と自分のダンスの発表会が重なって、「私もがんばるから、あなたもがんばって！」と、ほどよい距離感で受験期を乗り切れたというのです。

もちろん、必要に応じて苦手科目の集中特訓を一緒にやるなど勉強は見ていたけれど、メリハリをつけた勉強スタイルで、子どもは見事志望校に合格。

「よい加減」で目を離せるほうが、子どもも自立して受験に臨めるというパターンもあるということでしょう。

なお、受験期のサポートについて付け加えると、塾のお弁当とお迎えはするものの、かける時間はトータルで1日1時間くらいという例が多いようです。

そして、受験期の最後のほうでは、休日や塾のない日に2、3時間、苦手科目の強化に一緒に取り組んだお母さんが何人かいました。

なかには朝5時起きで毎日1時間と決めて一緒に取り組んだというお母さんも。

子どもの学力を見極めて、必要に応じてサポートするという場合がほとんどでした。

働くお母さんは、みなさん時間のやりくり、メリハリの付け方が必然的に上手になるのでしょう。

Q&A
▼働くお母さんならではの悩みあれこれ

Q 人と競争させることも大切だと思っていますが、これはスポーツに限った話で、学習面ではマイナスになりますか？

A そんなことはありません。この世は、助け合うことが大切な反面、一面は競争社会であることは否定できません。勉強面で、初めて本気の競争をするという子もいるでしょう。ライバルがいると燃えるのは、大人も子どもも一緒です。切磋琢磨で伸びあうことができます。抜き差しならぬ勝負にも楽しみを見出せる子に育てたいものです。

Q 子どもの勉強を見る時間が短い場合、何をポイントにしたらよいですか？

A どの学年にも言えるのですが、「学ぶことが楽しい」と思えるように、「できたこと＝成長したことをほめる」のが最大のポイントです。

わが子が95点を取ってきても、「なんで、ここ間違ったの！」と、できていない5点に目がいくのが母の性ですが、できていないことを最初に追及されるのは大人でも辛いものです。

「○○ができるようになったね」とひとつひとつ言葉にして伝え、達成感と自己肯定感を持ってもらうのが、主体的に勉強する子を育てるコツです。

低学年であれば、漢字と計算です。

中・高学年であれば、ばらけた知識の確認が最適でしょう。社会で問われる県庁所在地や理科の植物など。もちろん、漢字もいいですね。

ただし、文章題などの理解をともなうものをお母さんが一緒にやると、大抵は悲惨な結果に終わります。

勉強を前向きに楽しいものとして学んでほしいのなら、理解をともなう問題＝考える問題は、学校や塾に任せるのがベストです。

Q　親が勉強を見てあげるのは必須ですか。自分でできるのならば、自主性に任せてもよいのですか？

A　何の問題もありません。いままでの積み重ねで、親に頼らなくても勉強が進められるのならば、とても喜ばしいことです。
親の仕事は、子どもをあの手この手で自立に導くことです。

お母さん自身が何かしらの関わり不足を感じているのならば、子どもの他愛もない話を風呂で聞く、料理しながら聞く、買い物しながら聞くなど、子どもの心のケアをするといいですね。

Q　娘はそつなく何でもこなすタイプ。ずば抜けて何かができるわけではない。やらせ方次第では伸びると思いますが、いまは花まる学習会で勉強が楽しいと感じ成績も伸びてきました。ここで難しい受験勉強に切り替えることはどうなのでしょうか？

A　そつなく何でもこなし、勉強が楽しいと感じているならば、中学受験はＯＫなタイプでしょう。後は、中学受験をすることに対して夫婦で意見が一致していて一枚岩なら、子どもも迷うことなく進むことができます。

Q やる気スイッチの入れ方を教えてください。

A やる気スイッチは……、肩甲骨の裏ぐらいにあるかもしれません、押してみてください（笑）。

というのは冗談ですが、単純な答えはありません。

ただし、勉強でやる気が出るためには、成功体験が必要です。

たとえば、スタートは百マス計算などの簡単な問題で自信をつけさせて、たまに高い壁を設定する。こういうのが最適です。

そして、高くて厚い壁を突破したときに、子どもは骨太な自信を身につけていきます。

その後、レベルが高いものを自ずと求めるようになれば、しめたものです。考えること自体が楽しくて仕方がなくなるのです。

もっと言ってしまえば、子どもはもともと絶対にやる気を持っている生き物なので、「やる気の芽をつぶさない」ことが何よりも重要です。

現時点でやる気がないならば、どこかで誰かにやる気の芽をつぶされてしまったということでしょう。

「なんでできないの？」
「何回言ったらわかるの？」
「ちゃんと読みなさい、ちゃんと！」
「だからあなたは……」

こんなＮＧワードを言われながら伸びた子は、ひとりもいません。

お母さんとしては、目先の問題の「できた・できない」ではなく、「やる気が保たれているか」という長い目で育てる気持ちが何よりも重要です。ほめ方論にも通じるところです。

Q1 小学３年生の娘ですが、親の言うことを素直に聞きません。

たとえば、勉強していて「わからない」と言うから、「この問題は図を描きなさい」とアドバイスしても、「先生はそうは言っていなかった」と言って、描こうとしません。どうすればいいでしょうか？

Q2 現在小学3年生のひとりっ子男子ですが、私が低学年時代に課題を与えすぎた（口を出しすぎた）ためか、すっかり勉強はやらされてやるもの（特に好きな教科以外は）という感覚になってしまいました。いまから、自ら楽しんで進んでやる、楽しくない科目もチャレンジする姿勢になるためには、親はどのように接するべきでしょうか？

A 2つの質問に一緒にお答えします。あなたのためにこそ塾があります。

小学3年生は、もう親の言うことは聞かなくなる年ごろです。

家の中で親が見るというのは、もう愛があるゆえにダメなのです。外の師匠に任せましょう。

Q やる気がないときに、前向きになれるように（集中できるように）応援メッセージ、声かけのコツを教えてほしいです。

A 子どものタイプにもよるので一概には言えないところですが、万能策としてカレンダー作戦がいいでしょう。

その日やるべき宿題などが終わったら、毎日、目にするところに置いてあるカレンダーに花まるをつけていくだけです。できなかった日には何もしません。

花まるが貯まっていくのを目にするのは、誰でも嬉しいことです。

やる気が出なくても、習慣にすると苦ではなくなるというのもいいところです。そもそも人は、何かをコンプリートしたくなる生き物なのです。

ポイントは、最初に毎日無理なくできるだけの分量を子どもと約束すること（ハードルは少し低めに）、できなかったときには**本当に何も言わない**（ここが勝負！）というところです。

ついつい口出ししてしまったら、反発されて、作戦自体が失敗に終わります。

Q 文章力（表現する力）をつけるには、どうしたらいいでしょうか？

A 文章力は、家庭の会話力から育まれます。

まずは、親が豊かですてきな言葉を使いながら会話するというのが、答えです。四字熟語・ことわざなども実際に使ってみせることで、子どもの生きた勉強になります。もちろん、漢字を間違いなく書くことも最低限必要な力です。

文章力は、その家庭の「言葉の力」がそのまま現れます。

たとえば、親に辞書を引く習慣があれば、子どもも自然と辞書でわからない言葉を知ろうとする習慣が身につきます。

語彙力が知らず知らずのうちに豊かになりますし、言葉を厳密に使いたいという子が育まれます。

幼い男の子の場合は、なかなか表現力・文章力が身につかない場合もあります。

しかし、しっかりした家庭環境さえあれば、中学生・高校生以降必ず育っていきますので、子どもの力を信じてください。

一方で、慣れの問題もあります。

花まる学習会では、書き癖をつけてほしいという思いを込めて、毎週教室で作文を書いてもらっています。

たった1行でも自分の本当の気持ちを書くことができたら、心から賞賛します。誰かにほめられるためのいい子の作文ではなく、自分の思いを書き切る喜びを感じてほしいからです。

また、呼吸するように自然体で文章を書けるようになれば、それはその子の一生の宝になります。

低学年時代は毎週3行、内容はサッカーばかりだったけれど、高学年以降は見違えるようにしっかりとした哲学的な文章を書くようになる子もいます。

文章を書くこと、自分を表現することに抵抗感をなくしてあげたいですね。

Q シャイな性格です。もっと積極的になるような方法があれば、教えて！

A おそらく、自信がない状態ですね。

ハキハキした動作や声を出すところから鍛えたいのならば、武道がオススメです。

または、友だちから一目置かれるような極めた特技を持つと、自信がついて何事にも積極的になれます。

そろばんでもサッカーでも書道でもロボットでも何でもいいのです。わが子のどんな能力が伸ばせそうか、その強みを見抜いてください。

Q 中学受験をするかどうかは、本人が何年生になったら決められますか？　親が望んでいても、本人に向いているかどうかの判断はどうすればいいのでしょうか？

A 中学受験をするか否かの判断は、子どもにはできません。両親が一枚岩になって決めるものです。

友だち同士の会話のなかから、「私もやりたいな」と言い出すこともありますが、それでも最終決断は親が下します。

やると決めたら、受験候補の学校の文化祭などを見にいきましょう。子どもは見にいったところを好きになる生き物です。

つまり、志望校選びももちろん親の仕事なのです。

中学受験そのものに向いているかどうかは、子どもの「精神的な成熟度」で決まります。

Q 8歳の息子は、好奇心が旺盛でいろいろなことに興味を持ちますが、すぐに飽きてしまいます。集中力がないのでしょうか？

A 好奇心が旺盛なのは喜ばしいことですね。すぐに飽きるのは、特別にできる子にも見られる特徴です。子どもは、いま、いま、いまを生きている生き物ですから。
お母さんが見るべきなのは、集中している度合いです。1回の集中時間は、短くても構いません。話しかけても振り返らないというぐらい、一瞬一瞬に集中していれば、心配する必要はまったくありません。年齢とともに必ず落ち着いてきます。

Q 根気強く努力を続けられるし、とても素直でしっかりと学習に取り組めていて理解もしているのですが、テストで結果を出せない子へのアドバイスはありますか？

A すばらしいですね。いままでの子育てが相当うまくいった結果ですから、自信を持ってほしいと思います。
結果が出せないというのは、ケアレスミスでしょうか。
大人でもそうですが、相当切羽詰まった状況じゃないと、なかなか変われません。受験などは、追いこまれるには最適の環境です。自分で「このままだとダメだ」と思い知らないといけないのです。
もしケアレスミスが原因でないならば、お母さんが求める結果の基準が高すぎる可能性もあります。

Q 私たち夫婦が「勉強が苦手」という気持ちを持ったまま現在に至ります。そういう親は、子どもに勉強のやり方をどう教えたらいいのでしょうか？

A　はっきり言うと、苦手・嫌いはすべて「心の壁」です。
つまり、過去のどこかの時点でそう「思いこんでしまった」だけなのです。自分の心持ちひとつで克服できることなのです。

大人になって小学校・中学校の勉強を本気でしてみれば、あら簡単。なぜあんなにもわからなかったのか、それこそわからないぐらいです。ひとつずつ丁寧にやれば、全部できるようになるのです。

そして、やればやるほど好きになります。

文章を書くこと、数学の問題、物理……。苦手だと思いこんでいることすべてに通じます。

いままで受けてきた教育の失敗で、親自身がそう思いこんでいるだけでしょう。

具体策として、たとえば漢字検定に子どもと一緒に挑戦してみるのはいかがでしょうか。

漢字は、やればやっただけ必ずできるようになるものです。

成功体験をひとつずつ自分が積めば、子どもに教えることができるようにもなります。

かつて同じ相談でこのようなアドバイスをしたことがあるのですが、「親子で勉強がすごく楽しくなりました！」という家族が実際に何組も誕生しています。

Q　もっと読書をしてほしいのですが（読み聞かせなどはやっていましたが、あまり効果がなかったようです）、知識欲を刺激するためのアドバイスを教えてください。

A　読み聞かせがうまくいかなかった、男の子によくあるパターンです。
動きがあるものと勝負事が好きで、じっくり読書をしていられなかったのでしょう。

この場合、親が本を没頭して読んでいる姿を見せるだけでも効果的です。

「お母さん、本なんて読まないで、早くご飯作ってよ」と言わせるくらいがちょうどいいのです。

ただし、雑誌ではなかなか効果がありません。種まきをする気持ちで、背中を見せてあげてください。

小さいころはたとえ本をまったく読まなくても、思春期に自分なりの問題意識が芽生えた後に、猛然と本を読みだすタイプも往々にして存在します。

そして、本を読まない分、たくさん外遊びをしたり、夢中なものがあるならば、「いまは別の能力が伸びているんだなぁ」と思ってください。お母さん基準ではない伸び方がありますから。

Q 家庭での学習は、どの程度やればよいのでしょうか？

A 基本は、学年×10分です。

つまり、小学１年生ならば、１日10分。２年生ならば、１日20分と考えてください。

基本的な計算と漢字が最低限で、10分です。

高学年以降になって、たとえば言葉調べをしたり、思考力を試す発展問題を楽しめるようになれば最高です。段階的にレベルを高くしてあげることがコツです。

Q 粘りがなくて、解けないとすぐに諦める傾向があります。特に算数系。どうすればいいですか？

A それは問題ですね。お父さんと一緒に運動はいかがですか。

最初はうまくいかなかったけれど、がんばったら乗り越えることができた、という何かしらの成功体験が必要な状態です。

たとえば、足は速くないけれど、お父さんと毎日ジョギングしてがんばったら、マラソン大会で上位入賞をした子がいました。

ちょっと苦しいけれど乗り越えられたという経験が、すぐにはできなくても、あともうちょっとだけ考え抜こうという気持ちを育んでくれます。

親子でスポーツを一緒にがんばることは、かなりの確率で成功体験になりえます。受験は体力勝負。粘り強く続けることで、必ず勉強にも生きてきます。男の子は勝負にこだわるので、小さいころに囲碁・将棋などをやるのもオススメです。

Q 幼稚園受験や小学校受験についてはどう思いますか？

A しつけに関しては、「あり」だと思います。

人の話をちゃんと聞くことや、勉強するときの姿勢やモラルなどが、受験をきっかけに身につくことがあります。

しつけの部分が崩壊しかかっているいまの時代で、幼稚園受験組・小学校受験組は、比較的しっかりしている子が多い印象があります。

また子どもが小さいので、お父さんも巻き込んで一致団結して受験に立ち向かう楽しさもあるようです。

ただし、学力的に優位になるかというと、疑問です。

詰め込んだ知識は、あっという間に頭から抜けます。中学受験組・高校受験組に、後から追い抜かされる場合もあります。

学校を選ぶ際は、中学受験と同様、家庭の方針と学校の方針が合っているかどうかが何よりも大事です。

多様な環境でたくましく育てたいのか、それとも水準以上の環境で伸ばすのか。子育てにあたっての方針を夫婦で話し合ってみてください。

私立幼稚園からエスカレーター式に進学する学校の中には、人脈やネットワーク作りに優位なところもあります。

第3章

働くお母さんの
生活習慣・子どものしつけ

母ちゃん、がんばってます、毎日毎日！

▼掃除・洗濯・料理などの家事のコツを教えてください

さて、この章では引き続き、「働くお母さん１０５０人アンケート」から、働くお母さんの「いまの姿」を切り取ります。テーマは、生活習慣と子どものしつけについて。私もひとつひとつが勉強になります。

まず最初に、家事のコツをお聞きしました。

みなさん、すてきです。第１章でもお伝えしましたが、すべて心のありようだな、と思います。

どの道も正解。

どのお母さんもしなやかに、そしてしたたかに生き抜いていて、勇気をもらいます。

掃除・洗濯・料理などの家事のコツは、４つに分類できるようです。

Q　掃除・洗濯・料理などの家事のコツを教えてください

工夫・やりくり派

洗濯は、なるべくシンプルな動線で済ませられるように、ハンガーなどの配置を工夫。

掃除はせめて見えるところだけ。

- ▼夕食はすべて1週間分の献立を決めて、メインは週末に作り、副菜は決めてしまう。ちゃんと栄養を考え、和食中心にしている。
- ▼洋服は数を減らし、必要最低限の物のみとする。料理は、手をかけられない代わりに、シンプルでも素材の味がよい野菜、調味料、材料を使う。
- ▼掃除は、気づいたときにちょこっとずつやる。洗濯は、おしゃれ着は休みの日にまとめて。料理は、いかに洗い物を減らし、早くできるか。
- ▼ためないこと。できていないことも多いが……。料理は、リクエストに応えてとことんやる！　→喜び→達成感。
- ▼スピーディに！　お掃除ロボットとコードレス掃除機活用。料理は、肉野菜炒めのレパートリーを増やす。

Q 掃除・洗濯・料理などの家事のコツを教えてください

食洗機は必須。

階段を降りるときは雑巾を持って後ろを向いて、階段をふきながら降りる。

▼料理は、とにかく作っていろいろバリエーションが利くものを。たとえば、ビーフシチュー→ハヤシライス、オムライス。洗濯は、毎日ではなくまとめて洗う。週末に徹底的にやるときもある。多少のことは目をつむる。

▼朝起きてからできるだけ早く掃除をこなしていく。洗濯物は毎日ためず、その日のうちに乾かす。2、3日まとめて買い物をし、献立をまとめておく。

▼掃除は、平日の汚れはフローリングワイパーで。掃除機は週末のみ。洗濯は、ハンガーのまま収納できるスペースを確保して、畳まず収納する。料理は、米の袋を開けたらビニール袋に4合ずつ分けておき、毎回量る手間を省く。味噌汁やゆで物は、すぐ沸くポットでお湯を沸かして使う。

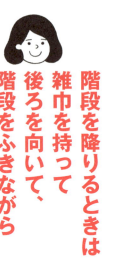

やらない・削る派

手抜き、テヌキ、TENUKI!!

掃除：週1。ホコリでは死なない。↑手を抜く。

▼家族のやれる人がやる。ポイントを押さえる。料理は栄養バランス、色や見た目。手作りにはこだわらず、お店の惣菜、冷凍もフル活用。

▼１００%をめざさない。

▼何でも少しずつ手を抜くこと。

▼洗濯：夫が干すまでを担当。子どもがたたむ↑分担　料理：手を抜かない。週末に月曜～木曜のメイン料理をまとめて作成（ハンバーグ、餃子などは作って冷凍）。シチューも煮込んでおいて、ルーを入れるだけの状態にしておく。金曜日のみデパ地下で子どもとチョイスしてリフレッシュ。

▼料理は20分以内で作る。豪華ではなく、色どりを重視。

Q 掃除・洗濯・料理などの家事のコツを教えてください

アウトソーシング派

夫と分担して無理せずできるほうがやる！そのときやってくれたことに絶対に文句を言わず「ありがとう！」と感謝する。

夫の苦手、できないところを後でそっとやっておく。

▼できることをする。全部がんばろうと思わない。不得意な分野は、得意な人に任せる。わが家の場合、料理は義母が担当。子どもたちも安心しておいしいご飯を食べられ、嬉しそう！

▼仕事場が自宅の1階なので、家事は仕事の合間に、気分転換にやる。掃除は週1回プロに頼んでいる。食事は一番大事なので、簡単でも手作りを心がけている。

▼夫婦共同で一気にやる。

▼平日はすべて母に任せきり。

▼料理はいつもストックを心がけ、非常時に備えている。掃除・洗濯は、夫に任せ、多少のことは気にしない。

▼がんばりすぎない！　たまには手抜き！　子どもが積極的に手伝ってくれるので、ほめまくってやらせて、少しお小遣いをあげる。

ハッピーママ派

料理：「おいしくな～れ」と念じて作る。

▼掃除：毎日しなくても死にはしない。
洗濯：毎日こまめにしていればたまらない。

▼掃除は、お客さんを家に呼ぶことで掃除しなければならない状況を作る！

下手でいい
あなたの気持ち
うれしいよ

朝は戦争！　化粧をしながら宿題を見る

▼出勤前の忙しい朝、時短のための工夫を教えてください

「朝は戦争！」は、どの働くお母さんにも共通しているのではないでしょうか。これも４つくらいの派に分かれそうです。

「工夫・やりくり派」のお母さんたち、本当にがんばっていますね、尊敬します。

アンケートからは、前日派がかなり多いことがわかりますね（１３３ページ）。比較的時間と気持ちの余裕がある前日のうちに済ませられることは済ませておく、ということなのでしょう。さすがです。

働くお母さんは大なり小なり、多くの技を持っているのでしょう。

「削る・省く派」のお母さんたちも現実的ですよね。仕事と同じで、限りある時間に全部はできないから、削ることができるのもひとつの能力だと感じます。

「アウトソーシング派」もいまの時代、当たり前ですよね。半強制的に夫にやらせるのも、「なるほど」と感じました。

個人的におもしろかったのは、「ハッピーママ派」です。

私の知っている、ある働くお母さんの話です。乳児のころは保育園の連絡帳に前日の夜や朝に食べたものを報告しなければならないけれど、「覚えていられないし、とても書ける献立ではないから嘘八百を創作していた」そうです。

もちろん毎日の検温も、「手で測って、熱があるかなしかで報告していた」と。

全肯定するわけではありませんが、私も「それくらいおおらかでいいんじゃないかな」と正直思います。

その子はもう高校生ですが、きちんと体格よく育っているし、かなり優秀な子です。

お母さんのハッピー感やおおらか感は子どもにそのまま伝わるので、何よりも大事なんですよね。

子どものためを思って、毎日食事や身のまわりのことを気にかけてあげられるのは母の才能のひとつですが、自分が辛くなるほどまじめにやりすぎなくても、幸せに生きられるなぁ、と多くの子どもを見て感じます。やれる範囲で周囲の助けも借りながら、多くのお母さんにはがんばってもらいたいなと心から思います。

Q　出勤前の忙しい朝、時短のための工夫を教えてください

工夫・やりくり派

朝食用のサラダなどは前日に洗ってカットしておく（朝食準備の時短）。朝食はワンプレート料理（洗いものの時短）。

ごちそうさまの時間を決めてから食べる。

▼前日にすべて準備する。自分の着ていく服・子どもの着ていく服など。またすべての行動をスケジュールにして、子どもはそのスケジュールに乗せてしまう（家の朝の時間割表を作っています）。毎日毎日分単位でしっかりやることを決めている。

▼朝の味噌汁などのスープ類は、夕飯を作るときに多めに一緒に作っておく。夜洗濯をして、朝は干した物をベランダへ持っていくだけにする。

▼当日の服装は前日夜に決定、準備（←子ども）。

▼子どもが起きる前に、できることはなるべく済ませておく。洗い物など、無理だと思ったら夜にしようと切り替える。長引きやすい朝食の時間は、時計を見えるところにおいて。

▼お弁当を夜のうちに用意しておく。

Q 出勤前の忙しい朝、時短のための工夫を教えてください

やらない・削る派

なんでも手抜き。

▼できることだけをする。完璧を求めない。

▼工夫というか、最近ほんとに歳も歳だし、無理ができないので、洗濯、弁当作り、全部はできないので何かひとつ削るようにしている。1週間作り置きメニュー、豚汁にうどんや餅を入れて、朝食に。ロールキャベツにパスタを入れてミネストローネ風に、とか。

アウトソーシング派

朝食は自分の親に作ってもらう。

家事分担。夫と出勤時間を一緒にし、夫がやらざるを得ない状況に。

ハッピーママ派

早業化粧。

化粧しながら子どもの宿題を見ている。

検温はいつも手で3秒。

あれやって
これやりながら
ほら早く！

21時就寝のプレッシャーに負けそう……

▼子どもは何時に寝ていますか。就寝の悩み、早く寝かせるための工夫を教えてください

子どもの睡眠については、多くの働くお母さんが悩んでいる姿が浮かび上がってきました。たとえば、こんな声をご紹介しましょう。

▼就寝時間が遅くなりがちなのが悩み。22時から22時半になることも。民間学童からの帰宅（近所まで送迎）が19時半過ぎ、そこから夕食、宿題、入浴……。子どもの楽しみ（テレビ番組・ビデオ）が入ると、あっという間に遅くなる。

ワーキングマザーの雑誌でたまに特集をやっていますよね、21時就寝について。夜にやることが多くて、どうしても寝る時間が押せ押せになってしまうというお母さんたちに、ある先輩ママの話を紹介します。

その働くお母さんの子は、小学2年生と4年生。21時就寝は絶対のルールなので、他のことはすべて超特急でやる、と言っていました。子どもを2人ピックアップして家に戻るのが19時。夕食を作っている間に、先に学校の宿題を終わらせた子に犬の散

歩を頼み、もし終わっていない子がいたら、夕食までに終わらせるよう指示。そして、お風呂を済ませ、21時には全員消灯。

そのために、なんと学校の**宿題は、「基本、学校の休み時間に終わらせる」**というのがルールだそうです。

どうしても終わらない場合にのみ、家でもやるとのこと。

一方で家事は、朝4時起きしてお母さんがすべてやるそうです。お母さんも子どももあっぱれだなぁと思います。

お隣さんには、19時に帰ってきているのに、いつも夜電気が消えるのが早い……と不思議がられるそうです。

会社と同じように、どの家にもその家の文化があります。

現実は習い事が入ってきたりしていろんなハードルがありますが、要はその時々で「何を優先するか」、そのために「わが家のルールをどう設定して定着させるか」ということが大事になるのでしょう。

アンケートでは、「子どもは何時に寝ているか。就寝の悩み、早く寝かせるための工夫」を聞いています。こちらは、「工夫・やりくり派」と「なるほど路線派」を紹介します。

Q 子どもは何時に寝ていますか。就寝の悩み、早く寝かせるための工夫を教えてください

工夫・やりくり派

娘も息子もなかなか寝ない子だったが、ふわふわ〜な毛布を買ってあげてから「気持ちいい！」とひとりでパッと寝るようになった。

本を読み聞かせた後、電気を消して真っ暗にしてしまう。

▼21時半〜22時。小さなことだが、いろいろ試し、きっかけを作ることが大切。

▼21時に寝かせたいのだが、学童保育からの帰宅が（19時お迎えのため）19時半、それから宿題をしてご飯を食べて……となると22時ごろに寝ることが多いので、静かにする工夫をしている。

▼21時から読み聞かせ→就寝。

▼20時半から21時。とにかく帰宅後、15分で夕食にする（その間にお風呂に入らせる）ぐらいの勢いで、就寝に向かって何でも早く済ませる。

▼21時半から22時。寒い時期は、湯たんぽを布団に入れると喜んでもぐり、そのまま眠る。

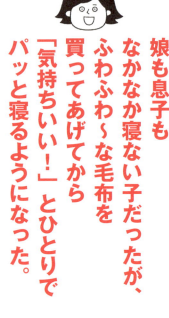

なるほど路線派

22時。21時に寝かせるというプレッシャーに負けない。

21時半から22時ごろ。外遊びで疲れているので勝手に寝てくれる。

▼私がショートスリーパー（1日4時間睡眠で金曜日までもつ）なので、体質が似ているのか遅寝、早起きです。長男小学5年生、次男年長でも大抵23時前に寝て6時半起床で風邪もひかずインフルエンザにもかからず、元気なので困っていない。

9時就寝
できない日々も
思い出さ

子どものお手伝いは貴重な戦力！

▼子どもはお手伝いをしていますか

ほとんどの家庭で、大なり小なり何かしらのお手伝いをさせているようです。

これからの時代は、男の子も女の子も基本的には、家事ができないと生きてはいけないでしょう。ましてや、働くお母さんにとっては、子どもは小さいとはいえ、大事な戦力なのではないでしょうか。

あるお母さんから聞いた話です。子どもが通信簿を「怒らないでね」と持ってきて、評価は「がんばろう」ばかりだったけれど、「でも、そんなことでは怒らないよね」と会社のママ友と笑いあったそうです。

「自分の弁当の卵焼きを自分で作って詰めてくれるほうが、成績優秀より、ずっと私には価値が高い」とのことです。

そのお母さんは、「時短勤務があと1年で終了だから、いまのうちに、レンジでチンしてひとりで食べられるように、自立への道だけを考えている」とも言っていました。

持論で言えば、お手伝いは子どもの学力も伸ばします。

お手伝いを任されて、嫌がる子はいません。お母さんから頼まれると、一生懸命尽くしたくなるのが子どもです。

そして、**日々同じことをくり返していると、必ず工夫をしはじめ、要領よくやりはじめるのは、どの子にも共通した特徴です。**

たとえば、風呂洗いひとつでも毎日やっていれば、

「洗剤の量をなるべく少なくして、すみずみまできれいにするにはどうすればいいのだろう。こうやってみようか。まてよ、こうしたらどうだろう」

などの工夫が生まれます。

私の経験をお話しすると、五右衛門風呂を沸かすのが毎日の仕事でした。

最初は火をうまく調節できずに苦労しました。

しかし、自分なりに工夫してできるようになると、「よっしゃー、燃えた！」「みんなに喜んでもらえた！」という快感に繋がっていったのを思い出します。

実は家庭で何かしらの工夫をしたことがない子に、テストの問題を解く際に「工夫してみて」「もっと簡単に」と言っても、そもそもやり方がわからないのです。

工夫とは、ひとつの意思です。

「工夫」する喜びや感覚を体感として味わったことがない子に、問題を解くときだけ「工夫しなさい！」「考えなさい！」と言っても、できるわけがないのです。

特に料理は、科学実験にも似ていますし、包丁によって手先の器用さが磨かれます。大根やにんじんを切るなかで円錐や四角錐などの立体の概念も身につきますし、計量することで、覚えにくい体積・容積の単位概念も磨かれます。

食事の配膳などの小さなことから徐々に、ぜひ家のお手伝いをさせることをオススメします。

お手伝いのバリエーションは、アンケート結果をお楽しみください。大きな役割を任せているおうちもありますが、きっと最初は脱いだ服は自分で洗濯かごに入れるなど、小さなところからちょっとずつだったのでしょう。

こんなお手伝いをさせています

湯たんぽを布団に運ぶこと。

- カレーであれば、材料を切ったり、ルーを入れたり、ご飯を盛りつけるなど。
- ゴミ出し。
- 犬の散歩。
- 食事の配膳手伝い。
- 娘：食器洗い、翌朝のお米とぎ、時々洗濯ものをたたむ。息子：ゴミ出し、時々洗濯干し。部活で使ったユニフォームなどは、その都度自分で洗濯、干す、たたむ。
- 布団たたみ。
- テーブルふき。
- 時々ゴミ捨て。
- 回覧板を持っていく。
- おやつ作り。
- 買い物をしたら荷物を持たせる。
- 風呂掃除。
- 脱いだ服は自分で洗濯かごに入れる。

風呂のスイッチ入れ。

▼ご飯を冷凍する手伝い（ラップに包んで、冷凍庫に入れるところまでやってくれる）。
▼洗濯物をたたむ。
▼食事の準備は毎日。
▼毎朝ポストへ朝刊を取りにいく。
▼冬以外、花の水やり。
▼休みの日は洗濯物を干す（一緒に干すことで、洋服の脱ぎ方、靴下を裏返しのままにしないなどを教えている）。
▼靴洗い。
▼時々床の雑巾がけ。
▼最近はそうじきかけ、ご飯を作るお手伝いも。
▼弟の面倒をみる。
▼料理。野菜を切ったり、混ぜたり、剥いたり。
▼食べ終わった食器を運ぶ。
▼まだ小さいので、お米をとぐとか卵をかき混ぜる、ゴマをするなど火や包丁を使わない作業がメイン。
▼週に1回、朝食当番。

ゲームはやっぱり危険!?

▼テレビ・ビデオ・スマホなどで困っていることはありますか

ここは重要項目です。3分の2以上のお母さんが「困っていることがある」と答えてくれました。

何がダメなのかというと、2つの点に集約されると思います。

1つめは、**「画面に遊ばれる」状態になること**です。

大人のパチンコと一緒で、中毒性があるので、自分の意思や考え抜きにやめられなくなります。

「言っても言っても聞かないんです」状態になってしまったら、黄色信号を通りこして赤信号です。

抜けだすには、全寮制で親がいないところに行かせるか、山村留学で環境を劇的に変えるぐらいしか道はないのではないかと思います。

子ども時代の有限な時間を、友だちとたくさん遊んで人間関係力を向上させるでもなく、工作をしたり絵を描いたりすることで工夫力や想像力を育むでもなく、身体を動かして社会で生き抜ける体力を育むでもなく、ただただ与えられた画面の内容を受動的に受け取るだけ。

もちろんテレビのなかには、良質な子ども番組や報道番組などもあるので程度問題ではありますが、基本的に多くのものは時間の浪費と考えていいでしょう。見続けることでの将来へのプラス要素は、あまり見えてきません。

▼ゲームを持っておらず、最近ほしいとも言わないので放っておいたら、クラスで持っていないのは35人中3人……。でも、「いらない」と。「友だちがゲームの話で盛り上がっているとき、どうしているの?」と聞いたら、一緒に聞いてるor別の友だちの輪へ行く、と。ちょっと淋しい思いをしているようですが、耐えきってほしい。

というアンケートの回答もありました。本当に耐えきってほしいですね。

2つめに「**NG画面を見てしまうこと**」がダメな理由です。

テレビ・ビデオはともかく、スマホからはじまるインターネットでは、猥せつ画像はもとより、首を切られるシーンなど、子どもには見せたくないものがいとも簡単に見られます。

まだ、そのことの意味もわからずに受け取ることの怖さ。中学生による連続殺傷事件が起こるのも、残念ながら、むべなるかなというところです。

ただし一方で、もしゲームや映像を作る側になれるのであれば、子どもにとって大きなプラスになるでしょう。

花まる学習会でも、２０１５年度から試験的にプログラミングの授業を実験教室で行います。プログラミングは、論理的思考力を鍛えるのに最適だからです。

たとえばですが、いまの子どもたちが将来、どこかの会社で社長になるためには、プログラミングがわかることが必須になっているでしょう。

コンピュータにできること・できないことが見えないと、次のオリジナルを作る発想が出てこないし、判断もできないからです。

時代は、音を立てて変わっています。

教条主義的にゲームや画面がダメというわけではなく、いい使い方をすれば、小学

1年生でもわかるおもちゃのようなおもしろさでコンピュータの基本原理を学ぶことができるのです。

プログラミングは、将来的には小学校の授業科目になりえると私は考えています。つまり、「遊ばれる側」ではなく、「遊ぶ側」になることを念頭に、子どもにIT機器を使わせるのがベストということです。

こんなことで困っています

義母宅に行くと、テレビ漬けになる（テレビがつけっ放し）。

▼面倒を見られないときにテレビを見せはじめると、止まらなくなってしまう。

▼ゲーム機を買い与えてはいないのだが、友だちが持っているためほしがって困っている。スマホにゲームアプリを入れており、それで十分遊んでいるハズなのに……。

▼ゲーム。いろいろな友だちと通信したりできるようで、エンドレスになってしまいがち。〝絶対に1時間以内〟を守らせるために、見張っていなければいけないことに困る。ただのゲームではなく、いろいろなことができるようになりすぎてしまっている（知らない人と交流できたり、音楽を聴けたりする）。

ゲームをやるなら公園に行くなー!

▼公園にゲーム機を持ってきてやる子がいる。うちの子は、おにごっこなどがやりたくて公園に行くのに、みんながゲームに群がり遊べない。そんな娘もゲーム機を持っていきたいと言いはじめた。

▼画面が小さい。

▼ゲームは30分と決めていても、土日になるとなかなかやめない。暇さえあれば、ビデオを見ている(録画したアニメ、戦隊もの)。

▼時間で決めていても、結局守れない。買ってしまうと、結局、自分で自分の首を絞める。

▼親の目の届かないところでこっそりやる、見る。

▼すぐにテレビ、ビデオを見たがる。見せると、呼び掛けに応じない。携帯を勝手に使う。

無意味な買い与えは完全に危険！

▼つい、子どもに買い与えてしまうことはありますか

半数くらいのお母さんが「買い与えをしてしまうことがある」と答えました。

つい、かわいいわが子や孫に買い与えしてしまう……。気持ちは、よくわかります。

でも、基本的にはダメなんです。

必要以上のものが買い与えられるのは、子どもの教育上、非常に危ないのです。

ルソーの『エミール』に、「子どもを不幸にするいちばん確実な方法はなにか、それをあなたがたは知っているだろうか。それはいつでもなんでも手に入れられるようにしてやることだ」（今野一雄訳／岩波文庫）という一節があります。

そして、ほしいと言えば何でも手に入る子どもの末路についても語られています。

「ほしい、ほしい」と泣きわめく子ども。

買ってあげるとにっこり喜ぶでしょう。その笑顔が見たいがために、ついサイフを

取り出してしまうというところでしょう。

しかし、誕生日やクリスマスなど特別なとき以外に、日常的に安易に買い与えるのはオススメしません。

子どもには「必要だったら買うからね。必要がないものは、ダメ！」で十分なのです。

一方で「何度もプレゼンされたから買う」という話もありました。

必要性を十分に親に認めさせているのならばいいでしょう。

また、「いつもがんばっているから」と、何かのタイミングでサプライズで心を込めたプレゼントとしてあげる場合もいいでしょう。

もちろん、誕生日やクリスマスのように決まったタイミングでの贈り物もありです。

「私へのご褒美のついでに買ってしまう」というお母さんもいましたが、こちらは、自分で稼いだお金で買っているお母さんはいいけれど、子どもには必要ありません。

義母義父や夫がついつい……という場合は、大人がしっかり話し合ってほしいものです。

コンビニでつい子どもがねだるままに小さな物を買ってしまう家庭の子どもは、なぜだか学力が伸びません。「我慢」という体験や、「達成感」という体験が少ないからでしょう。

もちろん、絶対ではありませんが、この不必要な買い与えから、家庭内暴力に繋がる例も見てきました。

その子は「本当はたいしてほしくないんだけど、強く言うと買ってくれるから」と言いながらわがままを通し、親への暴力をふるっていました。このまま青年期に入って引きこもると、もうなかなか取り返しがつきません。

子どもに対する不必要な買い与えの裏には、「親の一貫した基準」がありません。「ダメなものはダメ」とぶれずに言い切ることが、子どもの成長にとってどんなに健やかに働くかを知ってほしいと思います。

そして、**子どもというのは、お母さんが存在してくれて愛してくれれば、それだけでＯＫな生き物です。**

お母さんであるあなたがこの世界にいて、子どもを愛していることに自信を持ってほしいな、と思います。

買い与えで後悔しました

私の母が「いい子だね」と言いながら買っている。

▼コンビニに入るとお菓子。月イチで（モール内にある）歯医者に行くたびにおもちゃ。買い与えがいけないことはわかっているのですが……。

▼息子にお菓子売り場にあるちょっとしたおもちゃをつい買ってしまうことあり。

▼自分が忙しくて、子どもに特に目をかけていないと自覚しているときにお菓子などねだられると、つい予定していなくても買い与えてしまう。

▼週末、自分たちが好きなものを買うとき。お菓子などを買ってしまう。

▼私は買わない。夫が普段は厳しいのに、ゲームなどを買い与えてしまう。

▼私より夫が。ガチャガチャを見つけると。

ケータイは必要に応じてでOK

▼子どもに携帯電話を持たせていますか

- 娘が小学２年生、息子が小学１年生のとき、家族との連絡用に。もともと自宅の固定電話がないため必要となり、子ども用携帯を与えた。
- 見守り携帯だったが、小学１年生のときから。ひとりで電車に乗り、習い事に行くとき、「ついたよ」「これから帰るよ」の連絡のために。
- 小学２年生で。遊び先から連絡させるため。
- ４歳から。出かけることが多いので、万が一のことを考えて。
- 小学校入学時。いざというときの連絡のため。
- 長女が小学４年生のころ。学童が終わってしまったので、連絡が取れるように。
- 中学３年生。塾の帰りの連絡など。
- 長男、高校。次男、中学（都内だったため、連絡手段）。
- 小学４年生。塾に通うようになり、連絡を取るため。
- 学童がなくなった小学４年生から。親との連絡用。それ以外は禁止。
- 水泳と体育塾にひとりで通わせた小学２年生から。GPS 付き。

「持たせていない」と答えたお母さんも3分の1くらいいました。

たとえば、習い事に行くときは、「祖母の携帯を借りる」といった臨機応変なママもいます。

▼キッズ携帯だとしても、メールや着信を気にしてばかりになりそうだから「持たせない」。携帯に向ける意識を他に向けてほしいので。

という声もありました。

みなさん基本は小学生の間はキッズ携帯で、必要に応じて子どもに持たせるという考え方が多いようです。状況に応じて判断すればいいでしょう。

休みの日こそ、ママも子どもものびのびと！

▼休日・長期休みの過ごし方で何を心がけていますか

休日に心がけていることは、みなさん共通しているようです。

親子で一緒にいる時間を作りだしたり、外遊びをしたり、習慣として図書館通いをしたり、体調を整えたり。

さらに、長期休みには、生活習慣を崩さないようにしながら普段できないことをしたり、行けないところに行ったりして、自然体験を大事にしていますね。


「夏だからこそできること」というのは、確実にあります。

子どもは夏を過ぎると急に大人びたりします。

子どもだけの旅やキャンプなどもとてもいいですよね。

花まる学習会のサマースクールも、「バカンスではなくスクール（学び）です」と銘打って、８人から10人程度のグループを学年縦割りで作ります。

子ども同士で何泊か生活を共にすると、もめごともたくさんあるのですが、それがよいのです。

けんかをしても仲直りする経験や、他人と折り合いをつける経験、集団生活で我慢する経験もできます。

自然体験とともに、人間関係力をつける機会になるのです。

これが大人になったときの度量の広さに繋がるのです。

現代の子どもたちは、大人たちの「除菌主義」の影響を受け、もめごとを自分たちで解決する機会がなかなかありません。学校でも家庭でも、「けんかはダメ、いけない」と止められてしまいがちです。

でも、大人になると、仲介してくれる人がいつもいるわけではありません。

これからの日本の子どもたちは、世界中の人と時にはぶつかりあって、仲間になっていく必要があります。

子ども時代の「もめごとは肥やし」。長期休みは絶好の機会ですね。

休日に心がけていること

必ず1時間図書館へ行かせる。

- ▼普段学童保育に預けっぱなしで、あまり校庭で外遊びをしていないようなので、なるべく公園に行ったり、車で遠出したりして遊びに連れ出している。
- ▼できる限り外へ出て楽しむようにしている。お弁当をしっかり作るのはしんどいので、おにぎりを作って公園などへ。本人は子鉄なので、電車の旅が大好き。
- ▼体調を整えることを優先するよう心がけている。平日は、民間学童や習い事でスケジュールどおり動くだけで精いっぱい。
- ▼家にこもらない。
- ▼家族一緒に。
- ▼外で体を動かして遊ぶ。テレビを見る時間は少なく、家族全員が楽しめることをする。楽しめるところに行く。晴れたらアウトドア。雨ならトランプかオセロ。

本当は家で ゆっくり過ごしたいけれど、 一度は子どもたちを連れて、 外の空気を吸いに 出るようにしている。

- ▼出かけるときは家族一緒に。朝はゆっくり過ごす。
- ▼スポーツをする。親子スキンシップ。一緒に出かける。
- ▼なるべく一緒にいる。なるべくというより、常に一緒にいますが。一緒の時間が楽しい。
- ▼食事を作って一緒に食べる（朝、昼、夕のどれかひとつ）。ゲームで一緒に遊ぶ。図書館に行く。
- ▼夜更かしをしない。日常どおり早寝、早起きを心がける。３連休以上のときは遠出をするが、通常の土日は遠出はせず、遊びに出かけてもどちらか１日は必ずゆっくり体を休める。そうすると、親も子も平日風邪などで体調を崩して休むことがなくなる。
- ▼土日は習い事で比較的忙しい。

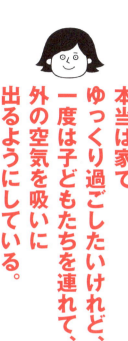

長期休みに心がけていること

宿題の予定をあらかじめ聞き、「今日はどこをやるのかな？」と声をかけたりしていた。

- ▼基本的に自分は仕事なので、子どもがひとりの日が長く続かないように予定を組むようにしている。
- ▼学校があるときと同じ時間でなるべく過ごす。早寝早起きは絶対。いつもと同じ時間に起きると、子どもたちも一緒に起きてくる。日中テレビを見すぎないよう、祖母に協力してもらう。
- ▼夏休みは、子ども中心の旅行&祖父母との旅行。
- ▼親子で動物や自然に触れ合える旅行に出かける（海、山）。関東では見られない美しい自然を親子で見て共感する。
- ▼「初めての体験」を通して思い出に残る旅行をする。昨年は北海道で「ラフティング」に挑戦した。
- ▼毎日少しずつ勉強をやる。お手伝いをする。

１日の中で やるべきことを リストアップして、口頭で答えさせる。もしくは、紙に書いて 冷蔵庫の扉に貼る。

▼起床時間を決める（朝７時など）。

▼実家に預けていてもどうしてもサイバー化が進むので、昨年はよく合宿に行かせた。ＮＰＯ法人のワイルド系キャンプに２週間ぐらい。

▼もういくつ寝ると……というような楽しいイベントを行う。

▼家の手伝いをさせる。自主的にできることをさせる。関西の夫の実家へひとりで行かせて自信をつけさせる。

▼家族でそろって何かに挑戦したり、一緒に楽しめる時間を持つ。子どもには、休みのときを使わなければできないことに、挑戦させる。

第4章

仕事と子育ての両立に頭を悩ます

「働くお母さんと仕事」というキーワードで言うと、家電のテレビ・コマーシャルで印象的なものがありましたね。私は妻が見ていた番組の合間にたまたま見たのですが、まず、女性の足に着目した映像が流れます。

一日ヒールで立ちずくめ、働きづめで、園に子どもを迎えに駆け出していくというシーンが続きます。最後は「一日がんばった脚に」と家でのリラックスタイムに使うように勧める、マッサージ器の宣伝です。

働くお母さんへの応援歌なのかもしれません。

ＦＢ上でも働くお母さんをテーマにした広告がありましたね。「働きやすくなるアイデア」をグーグルが募集していました。

「ついに時代も働くお母さんをメインテーマにするまでになったんだなぁ」と感慨深く思いました。

さて、この章では、「働くお母さんと仕事」について着目します。

様々な仕事に携わっているお母さんたちがいらして、現代の働く母の群像が浮かび上がってきました。

会社のトイレでネチネチといじめられる（涙）

▼働く母の先輩・後輩・同僚がいますか

仲間がたくさんいれば、働くお母さんで多数派を形成できて〝派閥〟になるから楽になりますよね。男の人が圧倒的に多い職場や、独身が多い職場は、どうしても少数派になり、肩身が狭いということを聞きます。

また、独身女性の先輩が多いと、時間の使い方も考え方も違いますから、「カチンとくる」のが現実なのでしょう。

ある女性から聞いた話です。

その大手企業では、長いこと営業の第一線で子どもを産む女性はいなかったとのこと。女性たちは、結婚や出産のタイミングで自ら異動届けを出して移っていくのが慣例だったのです。

その人が第一線にいるときに妊娠して、異動届けを出さずにいたところ、女性の先輩たちに呼び出され、トイレで罵倒されました。

「あなたみたいなのが、一生懸命やってきた女性の地位を下げるのよ！」と。

もう10年ほど前の話です。

その女性は、結局異動届けを出さずに、出産。

その企業では、それ以来、女性たちが営業の第一線に在籍したまま妊娠・出産し、戻ってくるようになったとのこと。立て続けに10人ほど後輩が続きました。

誰かがガラスの天井を突き破れば、それに続く人は案外いるものです。


しかし、そこに至るまでには、先輩たちに言われたことに打ちひしがれて泣く泣く辞めていった人もいたでしょう。

また、まだまだいまの世の趨勢《すうせい》では、復帰してはみたものの、結局は居づらくなって辞めてしまった。または、第二子第三子のタイミングで両立が難しくて辞めてしまった、という話も実によく聞きます。


5年・10年ぐらいのスパンで、世の中が大きく変わっている途上にあるのだと感じます。

働くお母さん向けの雑誌も次々に創刊されているくらいです。

やがては、働く母が主流になるのは間違いありません。

主流派になるまで、あともう少し。

いま、肩身の狭い思いをしている人もめげずにがんばってほしいな、と心からエールを送ります。

Q 働く母の先輩・後輩・同僚がいますか

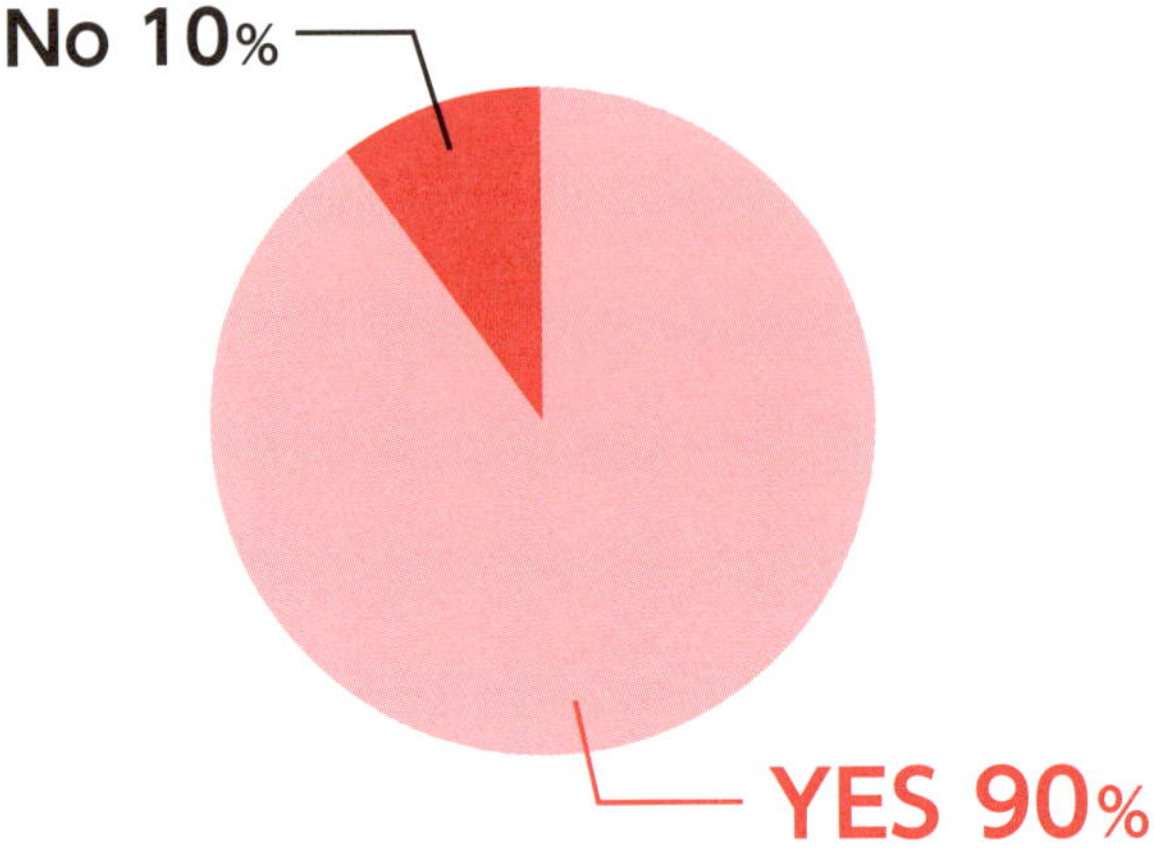

▼女性１２０名ぐらいの中で10名くらい。月１回「マミーの会」と称し、昼休みに会議室に集まる。日ごろの他愛ない話や上司の育休復職への理解度の差などを話し、励ましあい、またママたちの業務向上のアドバイスなども話し合っている。

▼４、５人。保育園や学校行事のときに洋服などを借りたり貸したりする。

▼15人程度。ランチには子どもの話になります。実質的な助け合い（お迎え補助等）は皆無ですが、精神的な支えになっていると思う。

「あれ、また休むの？」のひと言が悲しい

▼職場のサポート制度や環境について教えてください

昔々の話ですが、アグネス論争を思い出します。アグネス・チャンが楽屋に子連れ出勤したことに関して、いろいろな論客が賛成したり反対したり。最終的には、国会をも巻き込む論争に発展しました。

いまでは彼女が主張した企業内保育園も作られるようになりました。日本の働くお母さんの先陣を切ったという評価もありますね。

花まる学習会では、企業内保育園はまだありませんが、女性社員が子連れ出社すると、他の社員が大喜びします。

赤ちゃんが1人いると、みんなが優しくなれるんですよね。

会議もあやしながら参加でOKとしています。花まる学習会は、子ども相手の会社だからという側面もあるかと思いますが、子どもは社会の宝です。

みんなで慈しんで育てていきたいですよね。

Q　職場のサポート制度や環境について教えてください

子どもが0歳のとき、「時短」を使い早くお迎えに行くことができた。おかげで正社員のままで仕事を続けられた。

育児休業（最長3年）・短縮時間勤務（1日3時間まで自由に取得可能）・チャイルドケア休暇（1人の子どもに対し就学前まで20日有給）・看護休暇（無給）。これらすべてをしっかり取得できる環境が整っているので大変働きやすい。

自分の仕事さえ確実にこなせれば、基本的に子ども優先という考えの会社なので休み（現実には休むというより夜中に働くというスタンスだが……）も出社時間も自由。夏休みには子どもを会社に連れていくこともしばしば。

すべてお仕事優先で働かせていただいています。

時短（3歳になるまで10時から16時勤務）。私が会社で初めてだったが、希望を出したら受け入れてくれた。最初から制度があったわけではない。

必要最低限の育児休暇や育児のための時短、看護休暇はあるが、未就学児対象。委員・役員を引き受けると、学校行事等で予想以上に休まなければならないため、本当にキツくなる小学校入学以降に使える休暇制度や「また休むの？」と言われない環境がほしい。

いざというときに、一番頼りになるのは実母

▼子どもが病気や怪我をしたときに、面倒を見てくれる人はいますか

頼りになるのは、圧倒的に実母が多いですね。

あるひとりのお母さんから、「清瀬の実家のほうに家を買った」と先日聞きました。つまり、選んだのは実母のそばということです。子どもが小学校に入ると、なかなか保育園のような手厚いサポートはありません。通勤時間が1時間伸びるデメリットより、安心して預けられるほうがよっぽどいいと判断したのです。実母との関係がよいゆえにできることです。

そして、その後どうなったかというと、通勤は確かに大変だけれど、ある意味それはみんなと同じ大変さ。何よりも子どものことで細々した心配をするストレスが軽減されて、仕事でも成果を上げることができたそうです。

実家から職場までが通える範囲内ならば、おおむね妻の実母のそばに住むとよいとは言えそうです。

Q 子どもが病気や怪我をしたときに、面倒を見てくれる人はいますか

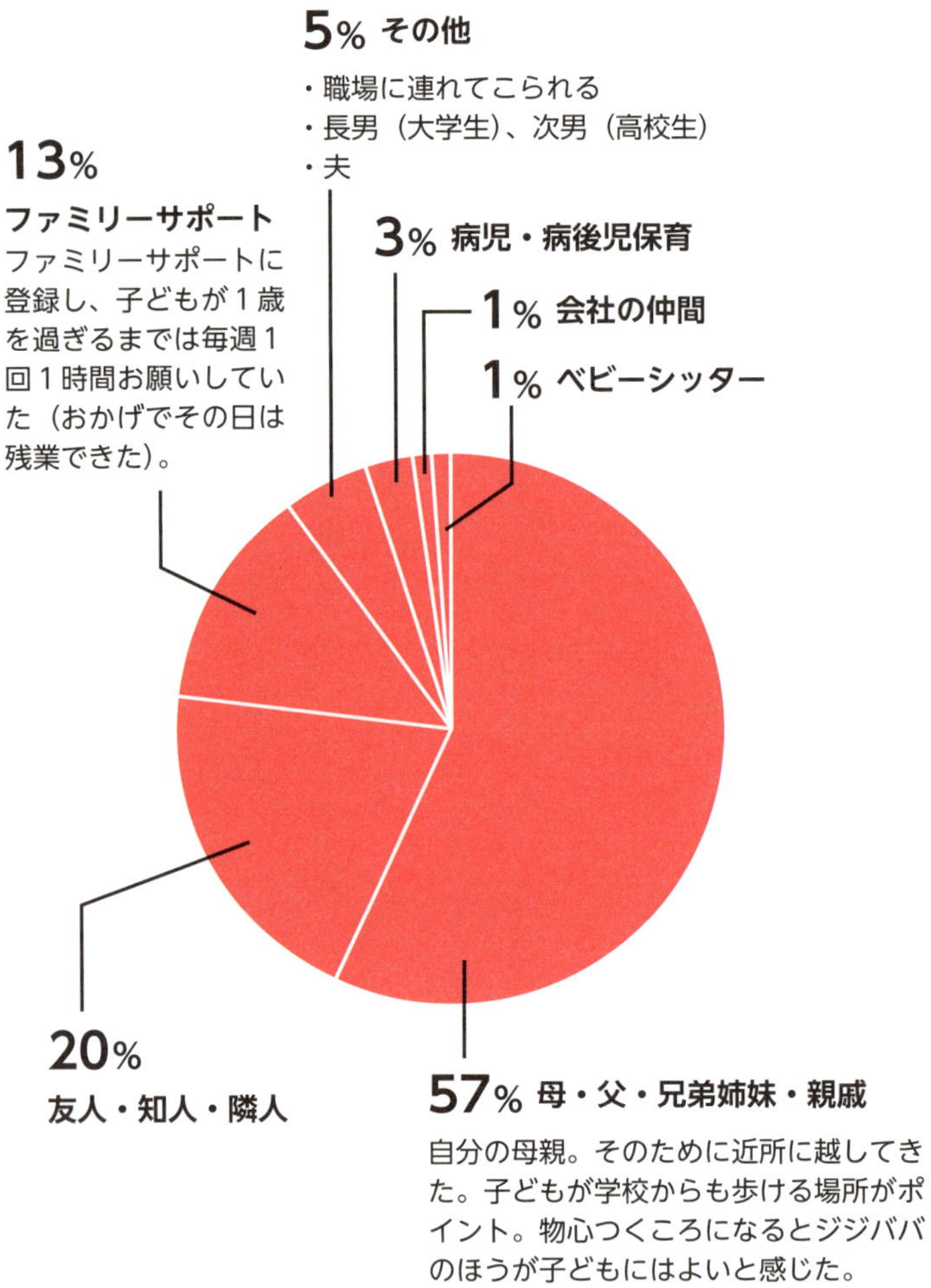

気を遣われすぎて仕事がないのもつらい

▼どんなときに子どもを育てている自分の立場をわかってもらえていないと感じますか

後述のアンケートを見ると、みなさん大変なようですね。大事なのは、誰かに困っていることを聞いてもらったり、「ここがいやなんだ」を口に出すことだと思います。いわば異なる文化の衝突が起こっているわけですから。

子どものいない人や専業主婦の妻がいる夫からみれば、働くお母さんの実態はまったく想像もつかない世界なわけです。彼ら彼女らにも正義があります。

一方、産んだ女性の立場からみれば、まったくもって当然な、声を大にして主張したい正義があるわけです。

「わかってもらえないと感じるか」というこの問いに対して、「いいえ」、つまり「そう感じたことはない」と答えている人が約半数いることからも、どちらがいい悪いではなく、上手に共存できるようになるまで、過渡期があと少し続くということなのでしょう。ただし、みなさん、ためこまずに吐き出してくださいね！

Q どんなときに子どもを育てている自分の立場をわかってもらえていないと感じますか

▼「また？」みたいな雰囲気が嫌。「私は、自分のために休んでいるんじゃないのよ〜。自分のために休みが取れていいわねえ〜」と言ってやりたい。

▼立場をわかってもらえないというより気を遣われすぎてあまり仕事が回ってこない。期待されていないように感じる。

▼退社時刻ぎりぎりに仕事をふられたとき。

▼後輩が、2人目の産休を取る際に、人事の女性社員（独身）に「権利ばかり主張するんじゃない」と言われた。

▼（自分のまわりにはいないが）40歳以上独身女子、バブリー世代は何も言わないが視線が冷たい。

▼小学校に上がれば送迎もなくなるので残業できるだろう、と思われている。

やっぱり、「女の敵は女」？

▼子育てをしていることで職場の人間関係に悩んだことはありますか

やはり、軋轢《あつれき》を避けるための心遣いをしていたり、工夫をしている様子が浮かび上がってきました。

▼子育てを始める前のように仕事帰りに食事を兼ねてのコミュニケーション、情報交換ができなくなってしまったのが悩み。ランチに誘ったり、小まめに感謝の気持ちを伝えるようにしている。

▼悩んだことはないが、子どもの病気などで休みが続くと、「申し訳ない」と思うことはある。そんなときは、ちょっとしたお菓子を持っていったりしている。

▼悩んではいない。でも怖いと思っているのは、アラフォー以上未婚orバツイチ女性。社内人脈も多いので敵に回したくない。サラリと付き合うようにしている。20代未婚女性は、「結婚といつかママ」に憧れているので大丈夫。40代既婚女性は、「夫婦同士」のキーワードがあるので大丈夫。未婚男性は、結婚していない引け目があるから強く出てこない。古い世代のおじさんは、「パワハラ」と言われるのが怖いので最近は何も言わない。

一方で、すがすがしいツワモノも。

▼無言の圧力は感じたが、いっさい気にしなかった。

▼悩んだことがあったのかもしれませんが、覚えていない。

男性は、まったく相手にされていないのがおもしろいですね。

「女の敵は女」とよく言いますが、ここでは、女性同士のすてきな乗り切り方が肝なのでしょう。相手が男前でさっそうとしていると言いにくい、という心理は誰にでもあるものです。

女の人特有のイラッとポイントである、「ぶりっこ系」や「品がよすぎてだまってしまう系」から「男前系」に移行することで、「食いつかれ癖」がつかないようにと祈ります。

でもよくよく考えてみれば、いままでお会いした働くお母さんでそういう方は、ほぼいないですね。

働きながらの子育てで忍耐強くなる

▼子育てをしていることで仕事のメリットはありますか

子育てと仕事を両立させていることで、どんなメリットが生まれるのでしょうか。

デッドライン効果

▼お迎えの時間までしか働けないという「デッドライン効果」で限られた時間で従来以上の仕事量をこなせるようになった。

▼効率よく作業しなければと強く感じ、以前に増してメリハリがつけられるようになった。特に、捨てる、省く、ということが上手になった。

▼仕事が楽に思えるようになった。出産、育児より大変なことはない！

▼とにかく時間がないため、１日、１週間、１か月、１年単位で仕事を先読みし、仲間と仕事内容を共有できるよう、時間管理能力とコミュニケーション能力が高まった。

▼急な休みに備えて誰が見ても何をしているかわかるように見える化をしていると、自分でも仕事をしやすい。

なるほど、勉強になりますね。

私も経験がありますが、時間に縛られず、いつまでも仕事ができると思うと、仕事は無限大に広がっていきますよね。

しかも、夜の時間は生産性が上がるわけではないのに、なんだかハイになるというか、ダラダラ遅くまで会社に残って働くのも気持ちよくなるときがあるんですよね。特に仲間がいれば、なおさらです。しかし、それではダメですよね。

仕事に直結するメリット

- ▼子どもに教える仕事なので、対応の仕方や親の気持ちもわかることが増えた。
- ▼営業職なので、お子様のいらっしゃるお客様との話題が増えた。
- ▼薬剤師として、子どもの病気の対応（薬の飲ませ方、ケア）について教科書に書いてあること以外の具体的なアドバイスをできるようになった。
- ▼いま流行のアニメや洋服などのトレンドがよくわかる。

忍耐力アップから人材育成力アップまで

- ハプニングに強くなった。わがままな上司やこだわりの強い同僚、やる気のない若手社員に対し、以前はイライラしていたが、子どもだと思えば何とも思わなくなった。
- 自分が男の子の母親のせいか、男性上司、同期、後輩男性社員に対して仕事の面でも人間性の面でも寛大になった。みんなにも息子を想う母親がいるのだろうなと思うと、優しい気持ちになれる。
- 「人に寛容になる」「ミスを許す」ことが難しくなくなった。子育ては日々「許し」だから。
- いい意味で「まあ、しかたないか」「まあ、いいか」と諦められるようになった。
- 人材育成にはプラスになった。聴く、待つ、気づかせる……。仕事と子育ての相乗効果としてコーチングのスキルもアップしたと思う。

「子育て＝忍耐」は、私にとって新しい視点でした。

仕事柄、わが子に悩み苦しみイライラしているお母さんの様子は何百回も見てきましたが、また新しい視点をもらった気分です。確かに考えてみれば、乳幼児期の子育ては、子どもが泣いたり求めたりするたび、すぐに応えてあげる必要があります。

行きたいときにトイレに行く、風呂にゆっくり入る、食事を味わって食べるなど、子どもが生まれるまでは当たり前にしていたことを、すべて子ども都合で中断されてしまうことが、母親にとってストレスであり、忍耐を必要とすることだというのはとてもよくわかります。

わが子と味わう喜びはたくさんあるけれど、家事育児は比較的、達成感を抱きにくいという面もあるでしょう。

また、思春期は思春期で、実質的な手はかからなくなるものの、まだ目はかけねばならない時期です。

頭では手を出しすぎては成長しないとわかっていても、ついつい「宿題はやったの？」と手取り足取り声をかけてしまって、余計に反発されるという悩みも多い時期です。手を出したいのをぐっとこらえる、という別の忍耐が必要になってきます。


人材育成にプラスというのは、「なるほどな」と感じます。

「聴く、待つ、気づかせる」。

「我慢強く言い続ける」。

働くお母さんが社内に多くなれば、会社の人材育成の仕組みも整っていきそうです。

「仕事をしたいけど時間がない！」

▼子育てをしていることで仕事のデメリットはありますか

ごく少数ですが、「デメリットは感じない」というお母さんもいました。
「気持ちの問題だと思って考えないようにしている」「デメリットより、メリットのほうが大きい」と言うお母さんも。割り切りがすてきですね。

見渡してみると、ほとんどのテーマは「時間」だなぁと思います。
「時間」に縛られていることによって感じる制限やチャレンジできない悔しさ。そして、「いつもすみません」と周囲に気を遣い、人間関係に負担がかかること。女性は特に人間関係の生き物ですから、周りとの差は、大いに気になる点でしょう。

責任ある仕事を任されない、昇給昇格などの問題は、企業側が改善していくべきことだと強く感じます。

Q 子育てをしていることで仕事のデメリットはありますか

残業ができず、急な休みも多いため、責任ある仕事を任されない。

▼比較的ボリュームのある仕事を与えられてしまうと途中で何かあっても残業できないので、他の人にお願いしないといけなかったり……。結局迷惑かけるならチャレンジしたくないと思うことがある。

▼子どもの健康状態が自分の仕事時間に直結してくる。

▼営業サポート事務なので、正直毎日が忙しい。でも、残業は極力避けたいので必死にやって、まわりの倍の量をやって時間内に終わらせる。そのため、余裕があると思われている。

▼昇給昇格の対象外にされた。子育て中に残業もして、休みも取らず、プロジェクトリーダーも務めたが、「育児中だから評価できない」とされ、大変悔しい思いをした。ひとくくりに「子育て中＝働けない人」と見られる。

「私って、期待されていないの？」

▼子どもを持つ前後で、仕事観や仕事への取り組み方が変わりましたか

▼以前は、仕事で何かあると引きずっていたが、待ったなしで子どもの相手をしなければならないため、切り替えられるようになった。必然的に仕事の仕方にメリハリがついた。

▼主人にたとえ何かあっても、息子２人は私が最低限しっかり育てられる母でありたいと思うようになった。

▼仕事ができることはありがたいことだと強く感じるようになった。貴重な時間を使っていると意識し、仕事の内容を充実させたいと思うようになった。

▼家族を守るためにも自分の体調に気をつけるようになったので、なるべく家に仕事を持ち帰らないようになった。

▼締切前に仕事を終わらせる。締切ギリギリの仕事はしない。無駄な仕事はしない。一気集中。

▼理不尽なことでも受け入れ、対応できるようになった。少々のトラブル、事故には動じなくなった。

▼若いときはお恥ずかしながら自分のため、アフター５をエンジョイしよう！　というありふれたＯＬだった。子どもを預けての仕事では、１分１秒無駄にできない。「子どものためにもよい仕事をしたい！」と意欲が爆発した。

▼子どもに恥ずかしい仕事はできないと思うようになった。

▼私は子どもが生まれてから専業主婦の時代が長かったので、久しぶりに仕事をしたときに「お疲れさまでした」「ありがとうございました」と言われたことがとても新鮮だった。

▼自分で仕事を抱えこまなくなった。「自分でやったほうが早い」を卒業して、人に任せられるようになった。

▼バリバリ働いて、女でも役職がつき定年までキャリアアップしていける！と意気込んで仕事に取り組んでいた。が、結婚し子を持つと昇給昇格対象外になることがわかり、落ち込んだ。仕事は好きなのでがんばるが、冷めた目で物事を見るようになった。あれもこれも貪欲であった自分が、与えられた任務を時間内にできる範囲だけこなそうとする、非積極的な自分に変わった。

最後の声は、まさに会社が変わらなければならない典型ですね。時間あたりの生産性で個人を評価するような企業に変わる。数値が出やすい仕事は、すぐにでも取り組めるでしょう。

仕事をどれだけ削っても、成果が出ていればOKだと私は考えています。

むしろ、ムダを削るための方法を開発してくれれば、評価の対象にしたいくらいです。

男性メンバーだけで物事を考えると、どうしても頭が固くなるというのは、多くの人たちがすでに実感していることではないでしょうか。

たとえば、経費削減のためには効率化しましょう、なんていうのが定番のアイデアです。

あるデパートで、売り場面積あたりの売上が落ちているからと、場所の効率化を考え、一つの場所で様々な商品を売りはじめたそうです。

でも、売上は伸びるどころか、下がった。

一方、顧客目線に近い、女性スタッフに売り場のレイアウトを任せたら、売上アップ。

こういう場合は、人間がより幸せに、クリエイティブになるにはどうすればいいかと考えるのがよかったのでしょう。昔の成功体験にしがみつきがちな男性だけで考えていると、あまりいい結果は生まれません。

現在50代で、子どもは大学生。子育てが一段落したあるお母さんから聞いた話です。

自分が入社したころは、「女は3倍がんばらないと、男性に追いつけない」と言われる時代だった。追いつこうと、ガムシャラにがんばった。

いまは時代が変わって、「男性は女性の3倍がんばって女性感覚を理解しないと、モノは売れない」と男性上司が部下を鼓舞するそうです。

オールドボーイズ・マネジメントもやはり残っているけれど、時代の風は明らかに変わっています。

消費財もサービスも、女性感覚を活かした商品がヒットし、売上に繋がっているのです。「なるほどな」と思います。

ストレス発散法は十人十色

▼仕事上のプレッシャーやストレス、発散方法はありますか

生きていれば、誰しもが何かしらのストレスにさらされます。

おしゃべり、食べ飲み、買い物、細かいことは気にしない、笑い飛ばす……。みなさん自分なりの発散方法を知っているのが女性の強みですね。

保育園帰りにママ友と子連れで居酒屋に寄って、ストレスを発散という「飲むのが何よりも好き」というお母さんもいました。

子ども同士一緒に遊べて楽しいし、お母さん同士もおしゃべりできます。

時間が許せば、たまにはこういうのもありですよね。

Q　仕事上のプレッシャーやストレス、発散方法はありますか

育児休暇を取得したから評価はしない。つまり、どんなにがんばっても昇給できないという環境にストレスだらけ。なので、国家資格を取得する勉強をすることでストレス発散した。

▼アルコールが私の病んだ心を元気にします（笑）。

▼女性社員は独身が多いので、「子どもがいるから～」と思われたくない！　という変な意地を張ってしまう。何に対してもつい肩に力が入りすぎてしまう。

▼今の時代、事務職女性は先輩より後輩のほうが優秀。就職難を乗り越えた後輩はＰＣスキルもＴＯＥＩＣも高レベル（まじめすぎて話のネタがなく困る……）。バブリー世代の女性はプライドだけ高い（共通ネタはわりとある。単純。おいしいもの。旅行……）そのはざまのいまのアラフォー世代は接し方に気を使いまくり……ストレスです。

▼発散法は、妄想、風呂、睡眠。

子どもは自分を「かわいそう」なんて思っていない

▼他の人からのひと言で、頭にきたり落ち込んだりしたことはありますか

約3分の1のお母さんが回答してくれました。言う側の優越感を感じるひと言、ヤイバを感じるひと言……。なるほどですね。やはり、言われた当初は傷つきますよね。

一方で、

「ないと言うより、忘れた」

「大抵のことでは動じません」

「あまり気にしないことにしているので、いまも残っている記憶はない。（頭に来ることは日々あるが……）」

と回答する方も。

何度でもくり返しますが、「かわいそう」は親側の問題です。

保育園・幼稚園・学校は子どもが社会に適応できるよう、もまれにいっているところです。親側もタフになれるといいですね。

Q　他の人からのひと言で、頭にきたり落ち込んだりしたことはありますか

落ち込んだことがある

▼「親の身勝手な離婚で子どもたちがかわいそう」「お父さんに会えなくてさみしいから、変な強がりをいつもしているよね。そこが心配」と子どもの友だちのお母さんに言われた。

▼「働いているから子どもがしつけられてなくて、学校などでこういうことしちゃうんじゃないの……」と友だちに言われた。

▼専業主婦のお母さんに「大変そうだね」と言われた。最初、「大変そうだね」の意味がわからなかったが、金銭的にという意味だとわかった。そう見ている人もいるのかと思うと、ちょっと悲しくなったが開き直ることにした。

▼「子どもの靴下が真っ黒」と母に言われ、落ち込んだというより手抜きしている自分にハッとした。

▼0歳から保育園に預けていたら、いろいろな人に「3歳児神話」を引き合いに出され「子どもがかわいそう」と言われた。

▼自分の姉や弟から、「保育園なんて自分の子は入れないよ」と言われた。

▼自分の親と同居しているため、「お母さんが何でもやってくれていいわね。私なんかこんなに大変」と大変さをアピールされた。「だったら自分の親と同居してみろ！」と思った（遠慮がない分、口うるさく大変……逆に頼られる）。

▼小学1年生ごろから習い事にひとりで通わせていたが、メールで「○○君がひとりで歩いていて危ないから一緒に行ってあげたよ」と。親切とともにヤイバを感じた。

「してあげられない病」にかからないで！

▼働いていることで、「子どもに悪いなぁ」と思ったことはありますか

ほとんどのお母さんが、罪悪感を抱いたことがあるそうです。

第1章でも述べましたが、ここは根深いですね。「してあげられない病」にかからないようにしてほしい、というのがお伝えしたいことのすべてです。

「○○してあげたかったのに……できなかった」というのは、多くの働くお母さんの呪縛なのでしょう。母という存在は、否が応でもそうなっちゃう生き物なのでしょうね。

自分たち母親というのはそういう性質を持ち、みんなも同じなんだということを知っておくことが唯一の処方箋でしょうか。

Q 働いていることで、「子どもに悪いなぁ」と思ったことはありますか

▼保育園のお迎えが最後でも健気に「平気だよ」と待っていてくれたとき。

▼育児休暇が終了し、まだ一歳の子どもを朝の8時から19時まで預けたときは、自分と接する時間があまりなくて申し訳なく思い涙した。

▼夕飯が20時半となってしまい、「おなかすいた！」と言われるとき。

▼平日、自宅に友だちを呼んで遊ぶことができないので、「他のお家はいいなあ～」と言われたとき。

▼熱があるのに自分が看病してあげられなかったこと。

▼保育園で一人ポツンと残っている姿を見たとき。

▼保育園で泣き声を背後に聞きながら外に出たとき、「『胸が張り裂けそう』ってこういうことなんだ」と苦しかった。

お金で済むことはお金で解決すればいい

▼手作りおやつや手作りバッグなどの「手作り圧力」を感じたことはありますか

この項目は、半数近くのお母さんが「いいえ」と回答しました。圧力を感じていない人も多かったのです。また、「手作り」は時間のあるなしに関係なく、「好き」な人がやっているだけ、と。

他にも「お金で解決できることはお金で解決！」と言うお母さんも。なるほど、ネットを検索すれば、モノは手に入る時代です。

アンケートを通して、ここは働くお母さんたちが割と克服しやすい項目だとわかりました。気にしているお母さん、大丈夫ですよ。

Q「手作り圧力」を感じたことはありますか

圧力を感じる

「手作りおやつ」のレシピを提出しなければいけなかったとき。

- ▼入園、入学式やバザーなどで「手作り当然」の空気を感じたとき。
- ▼働いている「手作り派のママ」がいるとき。
- ▼連絡帳カバーを作ったとき、他の親は（特に女の子の親）はかわいく美しい仕上がりだったのに……自分は「男の子だからいいや！」という感じで雑なものだった。
- ▼仕事をしていたら時間がないのだから仕方がないと子どもにすりこむ自分を、逃げているように感じる。

Q 「手作り圧力」を感じたことはありますか

圧力を感じない

買えばいいじゃないかー!!

- 自分の母に作ってもらう。
- 意外と専業主婦だからやれているというわけではない。好きな人がやっているだけだと思う。
- ネットで「手作りバッグ」で検索で◎。「手作りキット」ではありません。
- いろんな意味で自分を追い詰めるのはやめた。
- 子どもの性別のせいか、手作りにまったく憧れがない。

「悪いなぁ」と思う必要はまったくない

▼子どもに「今日もお仕事なの？」や「仕事、やめてよ」と言われたことはありますか

この項目は、「はい」と「いいえ」が約半数ずつでした。

「お仕事行かないで」と言われると、母として「ウッ」と答えにつまりますが、さらっと堂々と返すのがいいのでしょう。

子どもの境遇に置き換えて、理屈を伝えるお母さんも多かったですね。

「仕事をする」ということは、「生きること」。

「子どもに悪いな」ではなく、「仕事が大好き」や「仕事に誇りを持って生き生きとしている母の姿を見せること」が、最終的には子どもの将来のためにもなるのです。

Q「お仕事行かないで」と言われたことはありますか

言われたことがある

▼ギューっとハグ。幼稚園や学校に送り出した後、簡単な手紙を書き残した。メッセージはいつも一緒。「大好きだよ」のひと言。

▼残業時、「低学年（年下）の子が一生懸命がんばっているのに、あなたは先に帰れるかな？　一緒に協力してあげるよね」と子どもの境遇に置き換えて説明した。一応納得した。

▼幼いころ、「行かないで〜。行かないで〜」と泣かれた。こちらも泣いてしまうので返事をせず振り返らず出て行った。

▼好きな食べ物でごまかす。

悩みはなかなか尽きない……

▼いままでに、専業主婦やパートタイム・フルタイム勤務との間で悩んだことはありますか

これはいろいろ出てきますね。ここでも異文化の衝突が起きているのでしょう。

▼専業主婦の友人が、大変な教育熱心さで子どもを育てており、その恩恵をバッチリ享受した娘さん（わが娘より1歳年上）がとても優秀なのを目の当たりにして自分の至らなさを痛感して悩む。

▼専業主婦のお母さんほど時間に融通が利かず、それゆえに交流を持つ時間が少ない。仲よくなりづらいので、子ども同士で約束してきた遊びの機会が流れてしまうことに、子どもが不満。「もっといろいろなお母さんと仲良くなって」と。その一方で母子家庭であることはみんなに秘密にしてほしいと子どもに言われていたので当たり障りのないお話しかできず、踏みこんだ関わりを持ちづらく、どうしたものかと悩んだ。いまは、子どもがしてきた約束は叶えられるよう、いろいろなお母さんと面識を持つように努力している。

▼専業主婦のお母さんの一部には、働くお母さんは家事をやっていないという思いこみがある。

▼小学校に入り、専業主婦軍団への気遣いや距離感などわからず、軽はずみな発言をして注意された。人間関係に疲れて、働いていることを理由に距離を置くようにした。

▼せっかく仕事を休んで出席した役員会なのに、暇なお母さんたちの雑談や噂話を聞かされるだけで何も決まらず、「時間を無駄にしたなあ。でもこれも私の学びだと思おう！」と深呼吸をした。

▼専業主婦→まじめで過保護。パートタイム勤務のお母さん→明るい！　フルタイム勤務のお母さん→コワイ。

▼フルタイムだと子どものことをおろそかにしている、と思われ悩んだ。

▼専業主婦のお母さんは〝面倒〟というイメージがあり、近寄らないようにしている。

▼「いいわよね、正規は」と、賃金格差の問題に触れられること。

最終的には、専業主婦だからパートだから共働きだからどうこうというわけではなく、やはり個人的な部分なのだと思います。

また、専業主婦であっても子どもが大きくなれば働きたいと思っているお母さんも多いので、遅かれ早かれ、多くの人が働く世の中になるでしょう。

無意味に対立するのではなく、お互いの立場を思いやれるようになるといいなと感じます。

第5章

働くお母さんの
夫・親との付き合い方あれこれ

さてここからは、夫や親に焦点を当てて、お伝えしましょう。アンケートやインタビューから浮かび上がってきたのが、次の4タイプの夫婦像です。

現代の夫婦4タイプ

Ⓐ旧制家長制俺様タイプ

いわゆる絶滅危惧種。地方には生き残っている可能性あり。

Ⓑ7対3タイプ

ギャンギャン妻に言われるので、仕方なく家事を3割弱担当する夫と、その妻。

Ⓒ対等制タイプ

すべて対等に、それぞれ得意なところを担当する夫と妻。

Ⓓハウスハズバンド（主夫）タイプ

率としては少ない。これからの時代は増えていくかも。

時代は明らかに変わっています。50代の私の意識が変わっているのがその証左ですが、B・Cタイプが多数派、A・Dタイプが少数派のようです。

イライラ爆発！　夫についキレてしまうとき

さて、そんなＡからＤタイプまでの夫に対し、働くお母さんたちには、たくさんのキレる瞬間があるようです。

シングルマザーとほんの少しの数えるほどのお母さん以外、ほとんどすべての方が夫にイライラすると答えました。

大きく分けると、「家事育児分担でのイライラ」「しつけ方針の違いでのイライラ」「大きな長男のように甘えてくるのにイライラ」の３つになります。

第１章でもお伝えしましたが、夫と妻のコミュニケーションのすれ違いが要因のものもあります。

特に、「大きな長男のような様子にイライラ」は、「男というものはいつまでたっても大きな長男である」という現実をどこかで受け入れたほうが楽になれるでしょう。

いつの世も、家庭においては、女性が上手に男たちを動かしてきたのです。「親戚の男の子を預かるように夫に対して接する」と言ったお母さんもいますが、「さすがだな」と感心します。

なお、弁明するわけではありませんが、そうやって少しずつ育てられたわれわれ男性たちは、やがて家の中でも立派に役割を果たすようになります。

ここで、花まる学習会と提携している九州の学習塾、英進館社員の気づきを臨場感豊かにお伝えしましょう。

「父性は寝て待てない」

子どもが産まれてから、以前にくらべると夫婦ゲンカが増えた。

いや。

正確に言うと、ケンカではなく一方的に私が怒ることが増えた。

つい先日も、夫の休みに３人で出かけようとしたとき。
乳児を連れ出すためには準備がいろいろとある。
お湯を沸かして水筒に入れて、ミルクは一本作っておいて。
着替えの肌着やよだれかけ、替えのオムツを持って。
ぐずったときのためにお気に入りのおもちゃも入れて。
オムツ替え、授乳は出かける直前に済ませておいて。
息子の準備のほうが、自分の支度の何倍も時間がかかる。
でも今日は夫がいるから、いつもよりは楽に準備できるかも、と「期待」。
しかし、旦那の準備の遅さにイライラしてしまった。
私としては、交互に準備を済ませて息子の面倒を見るのが「当然の流れ」。
寝起きでぐずる息子をあやしながら、夫が身支度を始めるのを待つ。
しかし、ケータイをいじり、テレビを眺め、一向に動きはじめない。
ようやく腰を上げたかと思うと、デレデレと息子と遊ぼうと近づいてくる。
その無邪気な笑顔に腹が立ってしまった。
感情を抑えながら、あなたの準備が終わったら自分の手が空くのだけれど……と伝える。

笑顔の裏にあるイライラを感じ取り、急に俊敏になる夫。

(夫は朝シャワー派なので準備に時間が掛かる。)

30分後にようやく選手交代。

当初の出発目標時間は既に過ぎてしまっている。

自分の支度は5分で終わらせ、子どもの荷物準備。

息子の相手をしている夫にオムツ替えを依頼し、
お湯を沸かしている間にあれをやって、その次はこれで…とせわしない私。

「よし！　ようやく出かけられる！」と思って声をかけた瞬間。

目に入ったのは、オムツ替えをされてオムツ丸出し（肌着のボタンを留めていない）の息子とそのかたわらに放置された使用済オムツ（丸めさえもしていない）、
そして、ケータイをいじっている夫。

「なんでオムツさえも捨てないの!?」

瞬間湯沸かし器の如く、カーッとなっていくのが自分でもわかった。

多分、頭から湯気が出ていただろう。

夫は「マズイ」と思ったようで申し訳なさそうにしているが、私は無視。

電車の中でも無言。

なんでお出かけの準備くらいもできないのかと、イライラ。

頭をよぎったのは、上司の言葉。

「ホント男の講師って『察する』ことができんよね。逐一言われなきゃダメ」

あー、そうか。

夫は子どもと出かけるための準備を「知らない」のか。

怒らずに指示を出してあげるべきだったのか。

と、頭では思いながらも、一旦上がりきった怒りのゲージはなかなか下がらない。

あ、いままさに高濱先生の言う「八ヶ岳連峰」だわ（怒りのゲージがなかなか下がらないことのたとえ）。

花まるのキーワードを思い出し、滑稽な自分の姿を客観視する。

私、母（妻）の落とし穴にはまっています。

せっかくの休日を嫌な気持ちで過ごしたくないので、電車を降りて謝罪。
これからは、察してくれると「期待」をしないこと。
逐一言葉にして指示を出して（もといお願いをして）いこうと思った。
父親のスキルは、自然に上がるものではない。
期待せず、地道に母親が育てるもの。

「私のこんな声かけや長年の働きかけで、夫が変わった！」という次の項目もぜひご覧ください。きっと参考になります。

Q　夫にイライラするのはどんなときですか

家事育児分担でのイライラ

私ばっかり何で？私はあなたの便利屋じゃない！

毎日私がやっていることをたまに手伝って、ドヤ顔されるとき。

▼こっちはハイスピードで家事をしているのに、のんびり新聞を読んでいるとき。

▼家事を手伝ってくれない。休日昼間まで寝ている。

▼やらないのに口を出すのには本当にキレた（家が汚れているとか、ご飯をちゃんと作れとか）。

▼家事をやらない、趣味が先（逆だろ！！！）。

▼寝かしつけている間に洗い物をやることになっていたのにテレビ見ていたよね！！！というとき。

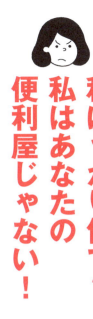

Q 夫にイライラするのはどんなときですか

しつけ方針の違いでイライラ

楽なほうに流される甘いしつけ（物で釣る、寝る前にDVDを見せるなど）。

▼せっかく子どもに言って聞かせているのに、真逆な行動や言動が多いとき。たとえば、「与えられた食べ物はそれで我慢し、人の物までほしがらない」と伝えているのに、「いいよ、また買ってやるからな」と言い出す。だから、「いまはそうじゃないんだよ！」とイラッとする。

▼子どもを、ちょっとしたことで叱っているのを見たとき。

▼叱るのは母、アメをやるのは父といった「一番いいとこどり」をする夫にムカつくこと多々あり。

大きな長男であることへのイライラ

ほぼ、いつも。
ですが、
親戚の男の子を
預かっていると
思うようにして、
気持ちを切り替えています。

- ▼子どもの存在を無視して自分勝手なことをするとき。一人だけ何も言わずに出かけてしまうとか。
- ▼注意したことをまたくり返す。
- ▼少し考えればわかることを、何も考えずに実行→失敗するとき。子どもの気持ちを考えずに自分本意の行動、発言をするとき。

「夫が私の働きかけによって変わった！」ナイスな成功例

ここでは、イライラさせられる、でも一緒にいてくれてよかったと思うこともある夫族を上手に育てているお母さんの声を紹介しましょう。

アンケートに回答してくれた全体の４分の１のママたちから寄せられました。まずは、変わらないという声から紹介すると……。

▼残念ながらまったくない。明治生まれの祖母・昭和初期の母に育てられた夫は、「男たる者」像が確立されていて崩しようがない。「男子厨房に入るべからず……」で育っているので。

▼一時はよくなるのだが、しばらくすると元どおり。根気よくがんばって、育児が終わるまでエピソードの一つでもできれば上々なのかもしれない。

……第１章でも言いましたが、みなさん、「夫は犬！」と思えば腹も立ちません。掌の上でぜひ転がしてあげてください。

成功しているお母さんは、男は立てられると嬉しくなって動き出す生き物であることをよくわかっているんですよね。

　いい悪いではなく、女性が小さいころからずっと「聞いてほしい生き物」であるのと同じように、男性は小さいころからずっと「ほめてもらって納得できれば動ける生き物」なのです。

▼子どもじゃないけど、とにかくほめまくってみた。「お父さんはすごいよね～、脱いだ服はきちんと片づけるし、手洗い・うがいはすぐやるし」と、子どもに向かって言っていたら、いつの間にかちゃんとやっていて、子どもにまで働きかけてくれた。

▼謝ることをきちんと指導した（かなりの頑固な性格）。

▼子どもとの接し方について、少しでも助かることをしてくれたとき、ほめちぎる。夫のツボにはまりそうな育児を探して頼む。

▼とにかくほめる。ことあるごとに、子どもにも「○○は、お父さんのおかげだね」「お父さんに『ありがとう』って言った？」など（本当は思っていなくても）言い続けていたら、こちらにも１００回に１回くらいは、「ありがとう」と言ってくれるようになった。

▼夫は小さいときから何でも母親にやってもらっていて、生活を意識してこなかった人なので、結婚後は何でも２人で同じ体験をするようにし、生活を自ら作ることを実践、少しは自立したと思う。

▼「さーすがぁ！　私よりきれい好き！」とほめたら、掃除を率先してするようになった。

▼「パパとのお出かけ」というように子どもと２人で過ごす時間を意図的に設けた。

こんなときは助かるよ、夫！
ホロッときたよ、夫！

次は、少し夫族に安心してもらえれば……という項目です。やはりほんのちょっとした言葉や行動を妻たちは忘れないものなのですね。

たとえば、ホロっときた行動では、

▼〝ザ・昭和の母〟の義母に「『三つ子の魂、百まで』だから、せめて小さいうちは働かないほうがいい」と言われたが、陰では夫が味方になってくれていたとき。

▼ホワイトデーに、私に内緒で子どもとクッキーを焼いてくれていて、朝起きたらメッセージと一緒に机に置いてあったのを見たときには、感動しました。

▼落ち込んだときには話を聞いてくれる。

また、ホロっときた言葉では、

▼私の作るお弁当に「ありがとう、助かるよ」と言ってくれる。嬉しい。

▼「君がいるからがんばれる」と言われたこと。

と、なんとも幸せな声が届いています。

もちろん、最も多い声は、子どもに関わることでの感謝、家事育児を一緒にやることへの感謝です。

モテるパパの三原則は、こうなります。

①家事育児を実際にやる。

②子どもと遊ぶ。

③ちょっとしたことをちゃんと言葉にする。「ありがとう、助かるよ」。

夫族のみなさん、妻から夫への愛情曲線というグラフをご存じでしょうか。

産後に下がってしまった夫への愛情が、特に乳幼児期に家事育児に夫が参画することで徐々に回復していくというグラフのことです。

パパにもこの本を読んでもらうなど、何とかお母さんの気持ちをわかってもらって、協力しあえる夫婦になれるといいですね。

母さんは
そのひと言で
がんばれる

Q 夫がいて助かったのはどんなときですか

子どもに関わること

子どもと公園に遊びに行ってくれて、その間ひとりで充電できた。

▼とにかく子どもに優しい。子どもと話をしている姿を見ていると、「あ～、男同士ってこうなんだなあ」「私じゃムリなこともあるよなあ～」なんて思う。子どもがADHDと言われたとき、こんな私でもすごく落ち込み悩んだ。ところが主人に、「大丈夫だよ!! 俺だってそうだった！ 子どもはみんなやんちゃだよ！ 大丈夫、お前の子どもだから」と言われたときは、スーッと心が軽くなり何かが吹っ切れた。

▼やっぱり惚れた過去があるので（ケンカすると本当に別れたくもなるが）、助かるというより一緒にいたいと思う。

実際に家事育児をする

「疲れているんだから、いいよ」と言って、家事をやってくれた。

- ▼朝の犬の散歩、毎日の洗濯、週末の掃除、下の子の送り、悩み相談。
- ▼休みの日には、子どもを習い事に連れて行ってくれたり、食事を作ってくれたりする。
- ▼料理がおいしくて手際がいいので教えてもらう。
- ▼家事育児を私と同じようにこなしてくれる。

ぶっちゃけ、自分の親や義父母にカチンとくること

もちろん、両親や義父母にとっても感謝しているというお母さんがほとんどですが、うっぷんがたまっている方もいるようです。

義父母だけでなく、自分の両親にもイラッとするということは、ここでもキーワードは「文化の衝突」なのでしょう。世代差がありますから、衝突して当然といえば当然なのかもしれません。

一例をご紹介します。

▼「安いお給料なのによくがんばって働くわね」と実の母に言われた。←昭和時代の優雅な専業主婦。

▼理想論や感情論をとうとうと語る。自分はやっていなかったのに。

▼自分の子どものことを愚痴ると、「あなたの育て方が悪かったんでしょ」と言われた。

▼義父母に、「保育園なんてかわいそう。夏休みがないから子どもがかわいそう。自分が育てるなら幼稚園」と言われた。

▼やり方を否定される。自分の価値観が正しいと思って押し付けてくる。年をとっている分、融通がきかない。

子育ての落とし穴を一つお伝えすると、お菓子やおもちゃの買い与えには、本当にご注意ください。この部分は、家族会議が必要です。

たとえば、ファミリーレストランは「子どもホイホイ」です。レジには、子どもがほしがるおもちゃを必ず置いています。かわいい孫にはつい買ってあげたくなるかもしれません。

しかし、たまに会う機会に、というならばともかく、「習慣的な買い与え」は親でも祖父母でも好ましくありません。

義理の父母だと言いにくい場合もありますが、「おばあちゃんにはお迎えと家でのこの遊びをお願いします。おやつはこれです。買い与えはしないでください」と方針と役割を明確にすれば、義父母もかえってやりやすいはずです。

子育ては自分だけではできないものですが、働くお母さんのよいところは、方針を決め、段取りよく指示できる能力＝上司力があるところです。上手に頼って、上手に指示出しして、わが子を一緒に育てていきたいものです。

Q　両親、義父母にカチンとくるのはどんなときですか

自分の親にイライラ

子育ての持論を押しつけてくる。

▼自分の母に面倒を見てもらっているが、母が「この子は母親がいなくても大丈夫なの」とまわりに言っていた。深い意味はないと思うが、ちょっとカチンときた。

▼私が昔ダメな子どもだったと子どもの前で言うこと。多少はいいが、だったら良かったことも子どもに伝えてくれ、と思ってしまう。

Q 両親、義父母にカチンとくるのはどんなときですか

義父母にイライラ

ありすぎて書ききれない。

▼夫からの情報だけをすべて信じる。しつけの甘さを遠まわしに指摘される。

▼義母にはいつでも……（笑）。子どものことに口や手を出されるとき。こちらの生活に踏みこまれすぎるとき。

▼「仕事終わったかな、いまから行ってもいい？」と急に来る。

▼時間がないからできないのに、「それくらいやってやらないと、○○がかわいそうよ」と言われるとき。

自分の子どもといて幸せを感じること

最後にすべてのお母さんにホッと笑顔になってもらいたく、この項目を贈ります。この質問には、直接話を聞いたすべてのお母さんが答えてくれました。子どもといる幸せを感じていないお母さんはいない、ということなのでしょう。

▼ありすぎてわかりません。

▼ほぼ、いつも。いてくれるだけでありがたいです。

▼毎日。

つい私も笑顔になってしまいます。

子どもに魅了されて、子どもの教育に邁進し続けて二十数年。

私たち先生に見せてくれる子どもの一面も最高ですが、子どもたちは、特に母親にだけ見せる顔があるなぁと、母という存在に無限の敬意を表します。

▼「ママがいい～」と膝に乗ってきたり、手をつないできたりしたとき。手紙やプレゼントを工作で作ってくれたとき。

▼寝るとき！　長男（小5）、次男（年長）が3人での寝る並びを必ず確認してくるとき、長男も次男も「私の隣がいい！」と言ってくれるので息子2人にはさまれてゴロゴロしてるときが本当に幸せ。1日の疲れが吹っ飛ぶ。

▼普通に手をつないで歩いているときや、無邪気に笑ってる姿、寝ている姿を見ていると本当に本当に幸せ。

▼子どもとギューッと抱き合って「お母さん大好き！」って言われるとき。

▼子どもの寝顔を見ているとき。

▼子どもたちと一緒に寝るとき。ほっぺをすりすり、ぎゅっぎゅっとしていると私のほうが癒され、すぐに夢の中へ。子どもの笑い声を聞きながらお昼寝するとき。とにかく幸せ。

▼子どもの笑顔を見たとき。

▼一緒に歌を歌っているとき。考え方が似ていたり、本音を話してくれるとき。甘えてくれるとき。

▼子どもと手をつないでいるとき。「ママの料理が一番おいしい」と言われたとき。

▼子どもの笑顔を見ているだけで幸せ。「ママ、いつも大変だから」と言って進んでお手伝いをやってくれるとき。

▼毎日がにぎやかで楽しい。何気ないひと言で大笑いして、心と体の成長を感じるときなどなど、挙げればきりがない。

▼「ママ、ありがとう」と言ってくれるとき。一緒に寝るとき。「もっといろいろ教えてね！」と言われるとき。ご飯を「おいしい」と食べてくれるとき。

▼寝るとき、その日あったことを布団の中で子どもが話すのを聞くとき。抱きついてくるとき。

▼寝顔！　健康な子どもと夫のおかげで、仕事に励むことができるのだと感謝の日々。一緒に勉強したりスポーツをしたり、家族っていいなあと思う。

▼いまはどんなときでも幸せに感じる。一緒に食事したり、話をしたり、何気ないとき。

▼1日終わって夕ご飯を食べながらなんでもない話をしているとき。1人だったら会話もなく味気ないだろうなと思う。

▼嬉しかったのは、「大きくなったらお母さんみたいになりたい」と言われたこと。

▼子どもの成長。ごはん、あいさつ、トイレ、先生にほめられるなど。夫と子が遊んでいるのを遠くから見ているとき。

▼手作り品やお菓子作りをするために一緒にいろいろ計画したり買い物など準備をして、うまくできあがって、達成感を一緒に味わったとき。

▼いつも。子どもがいてくれるから働ける。向上心が持てる。同じ趣味（楽器の演奏）をしているときが特に楽しいし幸せを感じる。

▼子どもが歌ったり、体を揺らして踊ったりしているのを見たとき。成長を感じたり、癒される。

▼自宅で一緒にゆっくりくつろいでいるとき。一緒になって大声をあげて遊びに夢中になっているときなど、たくさん。

▼その日にあったことを一生懸命に話してくれるとき。みんなで爆笑しているとき。寝るときにすり寄ってくるとき。

▼眠っているときの寝顔を見るときのこのうえない幸福感、平和感。子育てをしないと体験しないことをしているとき。たとえば、トミカ展やプラレール展に行く等、男児がいるから入り込む世界を知り得たとき。「ママ、大好き」とどんなに叱っても、子どもにとって自分しか頼る者はいないと感じたとき。

▼子どもが一生懸命に何かに取り組んだとき。私たち親や祖父母を大切にしてくれたとき。心の成長を感じるとき。素直な寝顔。

子どもの健やかな寝顔は、親の心の栄養なのかもしれません。

「ねいき」という曲を私のバンド、カリンバで演奏することがあります。作曲は、私がしています。

若いころ、音楽で身を立てるか、教育で身を立てるか迷ったことがあります。

悩み抜いて出した結論は、偉大な先人に比べると、まだ自分には命を賭けて音楽で表現するべきモノがない、ということでした。

同時にそのころにあったいくつもの出会いと感動に導かれて、いま子どもたちと毎日を過ごしているわけですが、自分の子どもが産まれてから、また音楽を始めたくなりました。

家族をテーマに表現したいことができたのです。

「ねいき」は、「どうかこの子の寝息が止まることがありませんように」という、わが子への祈るような思いを表した曲です。

子どもの寝顔に幸せをもらったり、祈るような気持ちになったりするのは、普遍的な親の気持ちなのでしょう。

どんなに叱っても、どんなに反抗してきても、子どもはやっぱり「お母さんが大好き」。

アンケートにお答えいただいたみなさん、たくさんの幸せのおすそ分けをありがとうございました。

ねいき

ねぇ　おいで　離れないように
君だけが　何よりも　大切だよ
ねぇ　ごらん　手をつないでいこう
帰り道　白い月と　オレンジ雲
あぁ　ほら　君の涙　零れ落ちていく
あぁ　いま　愛の響きとまらぬように
ねぇ　君の胸の中にさく
太陽の色をした　花を見たよ
ねぇ　そおっと　手をかざしてみて
君だけが誇れること　気づくはずさ
あぁ　ほら　君の頬が　乾くころにもう
あぁ　今　君の寝息　とまらぬように

みんなが　誰かの大事な　たからものだから
もう　誰も　決して君を　傷つけないように
ただ　今　君の寝息　とまらぬように
素敵な　明日が待っている
ただ　今　君の寝息　とまらぬように
素敵な　明日が待っている

作詞　RELLO 由美／作曲　高濱正伸

おわりに

告白せねばならないことがあります。

私自身は専業主婦の母に育てられ、それが当たり前と信じて生きてきた、昭和34年生まれの人間です。

結婚するときに妻には、「キミの給料分も稼ぐから、家にいてほしい」と言いました。

愛が勝っていた青い時代です。「妻を外に出して、悪い虫がついたら……」と、どこかで気にしていました。

実は結婚のときには、妻のほうが自分より稼いでいたのですが、「本当に大丈夫なの？」と生活の不安を訴える妻に、見得を切りたかったのでしょう。

典型的な昭和の男だったのだと思います。

そんな私が花まる学習会という場で、「よそいきでない」付き合いをしてくれるお母さんたち・子どもたちにたくさん会うなかで、変わっていきました。

自分が思いこんでいた神話を、いい意味で壊される年月だったのです。

たとえば、この本を共作してくれた川波朋子さんは、出産後会社に戻ってきてくれた花まる学習会の働く母第一号です。それも0歳の段階でしたから、どうなることかと思ったのですが、周りの協力もあり、颯爽と働く姿が格好よかったのでしょう、その後次々に子育てをしながら働く社員が増え、いまや男性育休も当たり前、赤ん坊を抱っこしたまま出社し働くお母さん社員も複数出ています。

全員が教室で教えている、子ども大好き社員ばかりという有利さもありますが、アグネス論争はいまいずこ、むしろ赤ちゃんが存在することで、なごやかで温かい空気になっているのです。これがまさに、意識改革の歴史そのものだと思います。

今後の日本は、「どのお母さんも働いている」ことが当たり前になるでしょう。

人口傾斜的にそれは確定している未来です。

みなさんが、その先陣を切っていることは間違いありません。

第1章では「あー、あるある」と笑ってもらって、第2章から第5章では「なるほど！」もしくは「みんな同じなんだな……」と感じてもらって、「働く」ことを選択した自分に、ぜひ自信を持ってほしいな、と願って構成しました。

読み終わったときに、「明日からも、仕事も子育てもがんばろう！」と思ってもらえれば、これ以上嬉しいことはありません。

この本は、川波朋子さんと堀井太郎さん、そして多くの働くお母さんの協力でできあがりました。心から感謝いたします。

2015年7月　花まる学習会代表　高濱正伸

高濱正伸（たかはま　まさのぶ）

テレビ「情熱大陸」「カンブリア宮殿」「ソロモン流」、朝日新聞土曜版「be」、雑誌「AERA with Kids」などに登場している、熱血先生。
保護者などを対象にした年間130回をこえる講演会には、“追っかけママ”もいるほどの人気ぶり。

1959年熊本県生まれ。東京大学・同大学院修士課程修了。1993年、「数理的思考力」「国語力」「野外体験」を重視した、小学校低学年向けの学習教室「花まる学習会」を設立。算数オリンピック委員会理事。

主な著書に『お母さんのための「男の子」の育て方』『お母さんのための「女の子」の育て方』『高濱コラム』『子どもに教えてあげたいノートの取り方』『13歳のキミへ』『中学生　中間・期末テストの勉強法』（以上、実務教育出版）、『算数脳パズル　なぞペー』（草思社）、『小3までに育てたい算数脳』（健康ジャーナル社）など。監修書に『天才くらぶ　チャレペー①〜④』（実務教育出版）。

働くお母さんの子どもを伸ばす育て方

2015年 8月10日　初版第1刷発行
2017年12月10日　初版第3刷発行

著　者　高濱正伸
発行者　小山隆之
発行所　株式会社 実務教育出版
163-8671　東京都新宿区新宿 1-1-12
電話　03-3355-1812（編集）　03-3355-1951（販売）
振替　00160-0-78270

印刷／日本制作センター　　製本／東京美術紙工

ISBN978-4-7889-1095-9　C0037

[ISBN978-4-7889-1067-6]

売れています。現在 22 刷

伝説の講義が初めて本になりました！

---

13 歳のキミへ

花まる学習会代表
高濱正伸【著】

[ISBN978-4-7889-5908-8]

メディアで話題沸騰の高濱先生が、心の底から子どもたちに伝えたい熱きメッセージ集。「読んだらすごくタメになった。何回も読み返している」「今の自分の状態をどうすればいかせるか、わかりやすくかかれているのがよかった」などの感想が全国から寄せられています。

実務教育出版の本

待望の最新刊！大反響！

娘２人が東大に！白熱の教育ママ！

「勉強が好き!」の育て方

江藤真規【著】

[ISBN978-4-7889-1065-2]

東大に現役合格させたお母さんが実践してきた、さらに伸びる子の育て方！　ママのご飯が「勉強嫌い」を変える／想像力を高める魔法の質問／「昨日の自分」と競争するゲームならつづけられる／ママのお手製ポストで書く力を伸ばす／暗記力を鍛える振り返る力／おやつは食事……

実務教育出版の本